행복한 **수학영재**로 키워주는

어린이를 위한 수학의 역사 5

추천사

무슨 일이든 좋아서 하지 않으면 잘할 수 없습니다. 수학도 마찬가지입니다. 잘하려면 먼저 좋아해야 합니다. 수학과 친숙해지면 자연히 사물에 대한 사고방식이 정확하고 논리적이게 됩니다. 수학의 효과는 그뿐만이 아닙니다. 수학을 사랑하는 사람은 세상을 둘러싼 아름다운 조화를 주위의 모든 사물에서 느낄 수가 있습니다. "신의 생활은 곧 수학이다."라고 노발리스(Novalis)는 말했습니다.

우리가 수학을 좋아하게 되는 이유는 여러 가지이겠지요. 말보다 계산법을 먼저 깨우쳤다는 가우스(F. Gauss)같은 천재는 아마도 태어나면서부터 수학을 사랑했을 겁니다. 반면 19세기의 유클리드(Euclid)라고 불리던 슈타이너(J. Steiner)처럼 열 몇 살이 되어서야 처음으로 수학 공부가 좋아진 경우도 있습니다. 가장 이상적인 것은 초등학교 시절에 수와 도형을 통해서 수학을 좋아하는 싹을 키우는 것입니다. 고학년이 되어 시험을 위해 어쩔 수 없이 수학을 공부하게 되면 이미 제일 어려운 과목, 싫은 과목으로 느껴질 테니까요.

어떻게 하면 우리 아이들이 수학을 좋아할 수 있도록 가르칠 수 있을까? 세상의 모든 수학 선생님들이 고민하고 계시지만 왕도는 없겠지요. 그러나 가장 필요한 것은 무엇보다 재미있게 수학을 설명하는 일이라고 생각합니다. 음식을 먹을 때 아이들은 영양 성분에 대해서는 전혀 관심이 없습니다. 그저 맛있으면 즐겁게 먹지요. 어른들처럼 맛은 좀 없지만 몸에 좋으니까 하면서 먹는 아이들은 결코 없습니다. 마찬가지로 수학 수업을 맛있는 음식처럼 먹을 수 있게 하려면 아이들의 눈높이에서 수학의 원리를 재미있게 설명해서 이해할 수 있도록 해주어야 합니다.

이 책은 수학이 어떻게 탄생하고 발전해 왔는지 역사를 소개하고, 그 역사 속에서 수많은 학자들이 연구를 위해 흘린 땀과 정열, 좌절과 기쁨을 재미난 일화와 버무려 들려줍니다. 망원경으로 별을 관측하고 지구가 태양 주위를 돌고 있다는 지동설을 주장한 갈릴레이가 재판을 받아 자신의 주장을 철회할 수밖에 없었던 이야기나 히파티아나 소피 제르맹 같은 여성 수학자들이 여성이기에 받았던 차별을 극복하고 훌륭한 업적을 남기게 된 이야기를 들으면서 위대한 수학자들을 사로잡았던 수학의 매력과 즐거움을 느끼게 될 것입니다. 또한 현대 수학을 이끌어가고 있는 카오스와 프랙탈, 퍼지 이론이 현대 생활에 얼마만큼 큰 영향을 미치고 도움을 주고 있는지를 알게 되면서 수학 공부에 대한 새로운 흥미를 느끼게 될 것입니다. 부디 우리 아이들이 이 책을 통해 이 세상에 가득한 수학의 원리를 재미있게 깨달을 수 있게 되기를 바랍니다.

서울대학교 자연과학대학 수리과학부 교수 김도한

독자 여러분에게

이 책은 너희들이 초등학교에서 배우는 수학의 역사를 쓴 이야기야. 역사라고 하면 어느 나라, 어느 지역의 이야기라고 생각하겠지만, 국어도 과학도 수학도 모두 재미난 역사가 있단다.

너희들, 쌀 한 되라는 말 들어본 적 있니? 되는 지금으로 계산하면 1.8리터야. 귀찮게 1.8리터가 뭐야, 그냥 2리터로 하지, 이런 생각이 들지? 하지만 그 뒤에는 모두 이유가 있단다. 평소 궁금한 사실은 그 배경이 되는 역사를 살펴보면 '아, 그랬구나!' 하고 이유를 알 수 있어. 그래서 역사를 조사하는 일은 굉장히 재미

있단다.

  이 책은 수학에 대해서도 너희들이 궁금해 하던 사실을 재미있게 알 수 있도록 쓴 거야. 수학이 어떻게 발달했는지 발전 과정을 따라가면서 흥미를 느끼게 되고 학교에서 배우는 수학도 재미있게 배울 수 있을 거야. 학교 수학 시간이 따분한 친구들에게는 특별히 이 책을 열심히 읽으라고 권하고 싶구나. 또 평소 수학을 좋아하는 친구들은 옛날의 유명한 수학자들이 어떻게 역사에 남을 위대한 발견을 하게 되었는지 알 수 있으니까 꼭 읽었으면 좋겠고.

  이 책은 역사 이야기지만 역시 수학 이야기니까 내용마다 너희들이 스스로 고민하고 생각하면서 열심히 읽었으면 해.

  이 세상 모든 어린이가 수학의 재미에 푹 빠져들기를 바라면서.

2008년 4월 저자

 차례

추천사 • 5

독자 여러분에게 • 8

 알렉산드리아의 천재, 에라토스테네스

1. 5종 경기의 챔피언 • 16
2. 지구의 둘레를 재다 • 19
3. 소수란 어떤 수인가? • 24
4. 에라토스테네스의 체 • 28

할아버지의 수학⁺ 미니 강좌
: 디오판토스의 나이 구하기 • 32

 하늘이 움직일까? 지구가 움직일까?

1. 옛날 사람들이 생각한 지구의 모습 • 36
2. 둥글지만 움직이지 않는 지구 • 41
3. 프톨레마이오스의 천동설 • 45

할아버지의 수학⁺ 미니 강좌
: 코페르니쿠스, 세상을 보는 눈을 바꾼 사람 • 48

 ## 제3장 그래도 지구는 돌고 있다

1. 재판장에서 · 54
2. 의학에서 수학으로 · 58
3. 무거운 것이 빨리 떨어질까? · 61
4. 망원경으로 본 하늘 · 64

할아버지의 수학 미니 강좌
: 갈릴레이가 쓴 두 권의 중요한 책 · 67

 ## 제4장 제논의 역설

1. 소피스트와 제논 · 72
2. 아킬레스와 거북이 · 76
3. 과녁에 맞지 않는 화살 · 79
4. 5분=10분? · 82

할아버지의 수학 미니 강좌
: 소피스트에 얽힌 재미있는 이야기 · 85

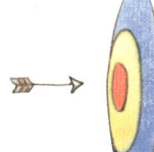

제5장 0의 역사

1. 0의 처음 모습 • 88

2. 인도에서의 0 • 91

3. 0이 중요한 이유 • 95

할아버지의 수학⁺ 미니 강좌
: 0이 숫자 중에서 가장 늦게 사용된 이유는? • 97

제6장 피보나치 수열과 황금비

1. 피보나치 수열 • 102

2. 피보나치 수열 속의 황금비 • 109

3. 황금비는 어디에서 찾아볼 수 있나? • 111

4. 벌의 번식과 피보나치 수열 • 115

할아버지의 수학⁺ 미니 강좌
: 피보나치 수열 놀이 • 117

제7장 세상을 바꾼 여성 수학자

1. 마녀 취급을 당한 히파티아 • 122

2. 가우스가 인정한 소피 제르맹 • 128

3. 괴팅겐 대학의 에미 뇌더 • 135

할아버지의 수학⁺ 미니 강좌
: 제르맹의 뛰어난 연구 성과들 • 140

 제8장 유클리드 기하학

1. 참, 거짓을 판별하자 • 144

2. 유클리드의 공리 • 148

3. 유클리드의 공준과 유클리드 기하학 • 151

할아버지의 수학⁺ 미니 강좌
: 비유클리드 기하학 맛보기 • 155

 제9장 현대 수학의 동반자 카오스와 프랙탈, 퍼지

1. 수학은 무슨 쓸모가 있을까? • 160

2. 카오스 이론 • 165

3. 프랙탈 이론 • 171

4. 퍼지 이론 • 177

할아버지의 수학⁺ 미니 강좌
: 윷놀이와 확률 • 181

수학에 대해서라면 모르는 것이 없으신 정민이 할아버지는 동네에서 수학 할아버지로 불린답니다. 할아버지께서는 밤마다 마당에 피워 둔 모닥불 옆에서 아이들에게 수학의 역사와 수학자에 대한 재밌는 이야기를 들려주시지요.
자, 이제 할아버지의 이야기를 함께 들어 볼까요?

제1장

알렉산드리아의 천재, 에라토스테네스

1
5종 경기의 챔피언

에라토스테네스

지중해의 남쪽 연안에 키레네(Cyrene)라는 도시는 고대 그리스의 유명한 수학자 에라토스테네스(Eratosthenes, 기원전 276~194)의 고향이란다. 에라토스테네스는 자신의 고향인 키레네를 떠나 젊은 시절의 대부분을 아테네에서 보냈다고 해. 그가 약 40세쯤 되었을 때 이집트의 왕 톨레미 3세가 그를 초청했어. 당시 이집트에는 알렉산드리아라고 하는 커다란 도시가 있었단다. 이 도시는 지금부터 약 2400년 전에 알렉산더 대왕의 이름을 따서 알렉산드리아라고 불렸어. 이 얘기는 앞서 했던 적이 있지? 이 도시에는 지금의 대학교라고 할 수 있는 교육 기관이 있었고 당시 유명한 학자들이 많이 모여 여러 가지 학문을 연구했지. 에라토스테네스는 바로 이 대학의 도서관장이 되어달라는 초청을 받았던 거야.

그 때까지 이 도서관은 50만 종 이상의 고대 그리스의 학문적 자료를 보관하고 있었기 때문에 알렉산드리아는 이집트뿐만 아니라 전 세계 학문의 중심이었단다. 하지만 애석하게도 이 도서관은 약 1600년 전에 다른 민족의 침입으로 파괴되고 말았지. 어쨌거나 알렉산드리아 도서관의 도서관장이 되어달라는 초청을 받았다는 건 대단히 뛰어난 사람이라는 것을 말해주는 것이라 할 수 있겠지?

에라토스테네스는 당시 학문의 모든 분야에서 뛰어난 재능을 보였단다. 그는 수학자이자 천문학자, 지리학자, 역사학자, 철학자, 또 시인이면서 뛰어난 운동선수이기도 했단다. 그래서 알렉산드리아 대학의 학생들이 그에게 5종 경기의 챔피언이라는 의미로 '펜타슬루스(Pentathlus)'라는 별명을 붙이기까지 했다지.

에라토스테네스는 나이가 들어 눈병에 걸렸는데 당시에는 의료 수준이 좋지 않았기 때문에 그의 눈병은 낫지 않았어. 결국 그는 아무것도 볼 수 없게 되고 말았고, 눈병 때문에 영원히 눈을 감고 말았지.

2 지구의 둘레를 재다

에라토스테네스는 수학에서 여러 가지 업적을 남겼는데, 그 중 하나는 지구의 크기를 잰 것이고 다른 하나는 소수를 찾는 방법을 알아낸 것이란다. 소수 이야기는 나중에 하기로 하고 먼저 에라토스테네스가 지구의 크기를 어떻게 쟀는지 알려줄게.

옛날 사람들은 지구가 평평하게 생겼다고 생각했었지. 그런데 지금으로부터 약 2200년 전에 지구가 둥글다는 것을 알고 지구의 크기를 계산한 사람이 바로 에라토스테네스야. 그것도 특별한 기계나 기구를 이용한 것이 아니라 오직 수학적인 방법만을 사용

했단다. 그가 사용한 방법은 아주 간단한 기하학이지만 아주 정확했지.

1년 중 낮의 길이가 가장 긴 하짓날 에라토스테네스는 나일 강가에 있는 도시인 시에네(Syene)에서 막대를 수직으로 세워 놓고 막대의 그림자를 유심히 살펴보고 있었단다. 정오(正午)가 되어가며 막대의 그림자는 점점 짧아지더니 마침내 정오가 되었을 때 막대의 그림자는 사라졌지. 그리고 정오가 지나면서 다시 막대의 그림자가 나타났어. 정오에 막대의 그림자가 사라진 것은 태양이 정확하게 막대의 꼭대기에 있었기 때문이란다.

다음 해 하짓날에 그는 알렉산드리아에 있었어. 시에네에서 알렉산드리아까지의 거리는 약 800km였는데, 에라토스테네스는 시에네에서 했던 것과 똑같은 실험을 알렉산드리아에서도 했단다. 그런데 시에네에서와는 다르게 정오가 되었는데도 막대 그림자가 생겼어. 만일 지구가 평평하다면 막대의 그림자가 생기지 않아야 해. 그래서 그는 지구가 둥글게 생겼다고 생각하게 되었지. 그리고 그는 막대의 끝과 그림자의 끝을 연결한 선이 막대와 이루는

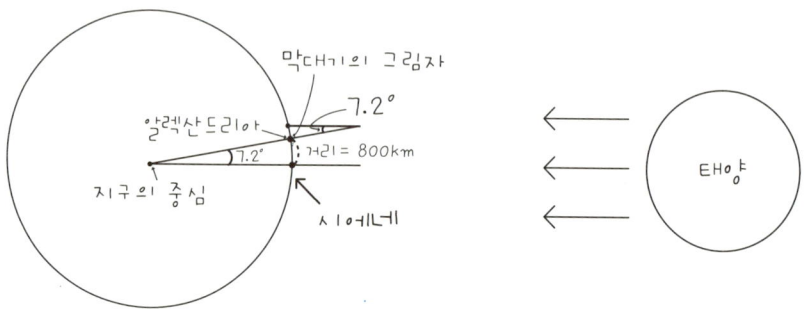

각의 크기를 쟀단다. 그랬더니 그 각의 크기는 약 7.2°였어. 에라토스테네스는 "원호의 길이는 중심각의 크기에 비례한다."는 사실을 이용하여 다음과 같은 비례식을 세웠어.

지구 둘레의 길이 : 800km = 360° : 7.2°

이 식을 이용하여 지구의 둘레를 구하면

지구 둘레의 길이 = $\dfrac{360°}{7.2°} \times 800\text{km} = 40{,}000\text{km}$

가 나와. 현재 우리가 알고 있는 지구의 둘레가 약 40,077km

니까 에라토스테네스가 구한 지구의 둘레가 얼마나 정확한지 알 수 있지. 그는 이것을 가지고 지구의 반지름도 구했어. 정말 놀랍지 않니?

3 소수란 어떤 수인가?

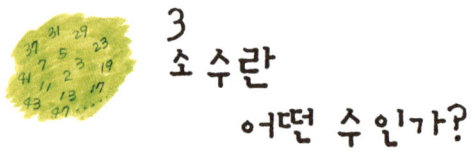

너희들, '소수'라는 말을 들어본 적이 있지? 이 소수를 찾아내는 방법을 최초로 고안해 낸 사람이 에라토스테네스야. 그 방법에 대해서는 뒤에서 자세히 이야기하기로 하고, 먼저 소수에 대해서 알아볼까? 소수(prime number)는 자연수 중에서 1과 자기 자신만을 약수로 가지는 수를 말해. 좀 더 쉽게 설명해 줄게.

자연수는 1을 차례로 더해서 얻은 수를 말하는 건 이미 알고 있지? 즉 자연수는 $1+1=2$, $2+1=3$, ……, 이런 식으로 계속 1을 더해서 얻을 수 있는 수란다. 따라서 덧셈을 중심으로 생각하면 모든 자연수는 1로부터 시작되었다고 할 수 있어.

그런데 곱셈을 중심으로 생각하면 어떨까?

자연수를 차례로 1이 아닌 작은 수의 곱으로 나누어 가면 마침내는 더 이상 나눌 수 없는 수들의 곱으로 나타낼 수 있게 된단다. 예를 들어 다음을 보자.

$4 = 2 \times 2$

$6 = 2 \times 3$

$8 = 4 \times 2 = 2 \times 2 \times 2$

$9 = 3 \times 3$

$10 = 2 \times 5$

$12 = 2 \times 6 = 2 \times 2 \times 3$

$14 = 2 \times 7$

이렇게 나눠서 나온 수인 2, 3, 5, 7은 어떤 자연수들을 곱하면 얻을 수 있을까? 아무리 생각해도 모르겠지? 모르겠는 것! 바로 그게 정답이야.

이런 수들은 더 작은 자연수의 곱으로 나타낼 수 없단다. 물론 2 = 1 × 2, 3 = 1 × 3과 같이 1을 사용하여 곱하는 경우는 제외해야해. 이처럼 1보다 크면서 자신보다 작은 수의 곱으로 분해할 수 없는 자연수를 소수라고 해. 원자(原子)는 모든 물질을 구성하는 기초가 되니까 소수는 곱셈의 세계에서의 원자라고 할 수 있지 않을까? 참! 소수를 이해하는 데 있어서 빠뜨려서는 안 될 중요한 한 가지는 1이 소수가 아니라는 점이야.

어떤 수가 소수인지 아닌지를 찾는 방법에는 여러 가지가 있어. 그 중 한 가지는 그림을 이용하는 방법이야. 모눈종이 한 칸을 1이라고 하고 옆에 주어진 각각의 수에 해당하는 만큼 모눈종이에 직사각형을 그려. 이때 주어진 각각의 수를 모눈종이에 직사각형을 그려서 나타낼 수 있는 방법은 모두 다 찾아야 해. 그리고 모양도 반드시 직사각형인 것만 생각해야 된단다.

그림에서 4의 경우를 보면 모눈종이 위에 그릴 수 있는 직사각형이 모두 세 가지이고, 2, 3, 5의 경우에는 모두 두 가지뿐이지.

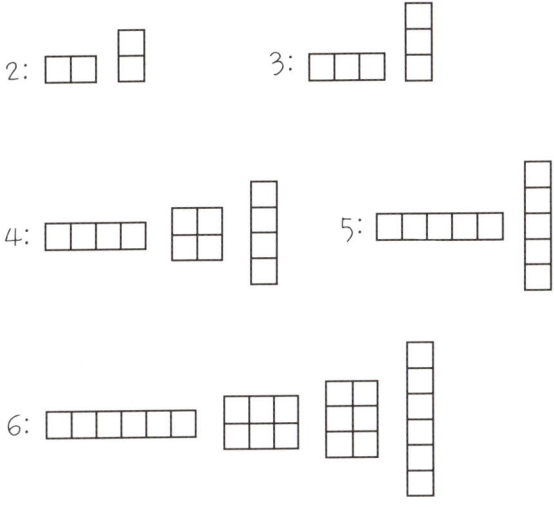

즉 소수는 항상 두 가지 모양만 갖는단다. 6은 모두 네 가지로 나타낼 수 있으므로 6은 소수가 아니지. 7은 어떨까? 7은 단 두 가지로만 나타낼 수 있으니까 소수야. 그렇다면 이 방법을 사용하여 소수를 모두 찾을 수 있을까? 열심히 노력하면 다 찾을 수는 있겠지만 엄청난 양의 모눈종이가 필요하겠지? 자, 좀 더 쉽고 편리한 방법에 대해 알려줄게.

4 에라토스테네스의 체

소수를 찾는 또 다른 방법이 있는데, 바로 에라토스테네스가 개발한 방법이야. '에라토스테네스의 체'라고 불리는 이 방법은, 모눈종이를 이용하는 앞의 방법보다 훨씬 간편하지. 참, 너희들 '체'가 뭘 말하는지 알지? 모른다고? '체'는 가루나 액체를 분리하기 위해 사용하는 기구야. 집에서 엄마가 빵을 해주실 때, 밀가루를 체에 거르는 것을 본 적이 있지? 또 시골에 계시는 할머니께서 밭에서 털어온 깨를 체에 걸러, 작은 돌 같은 것을 골라내시는 것도 본 적이 있을 거야. 어쨌든 '에라토스테네스의 체'는 마치

돌을 골라내는 '체' 처럼 소수가 아닌 것을 걸러 내기 때문에 붙은 이름이야.

자 그럼, 이 '에라토스테네스의 체'를 이용하여 1부터 50까지의 소수를 찾아볼까?

우선 1부터 50까지의 수를 가로 10개, 세로 5개로 나누어진 '체'에 차례로 적어 놓자. 1은 소수가 아니므로 먼저 1을 지워야 해. 그리고 1 다음에 처음 나오는 수 2에 동그라미를 그리고 2보다 큰 수로 2의 배수인 4, 6, 8, 10, …… 등은 지워. 지워지지 않은 수 중에서 처음 나오는 수 3에 동그라미를 그리고 3보다 큰 수 중에서 3의 배수 6, 9, 12, 15, …… 등을 다시 지워. 또 지워지지 않고 남은 수 중에서 처음 수 5에 동그라미를 그리고 5보다 큰 수 중에서 5의 배수 5, 10, 15, 20, 25, …… 등을 지운단다.

이렇게 계속하면 마침내 체 안에는 동그라미를 친 수만 남게 되는데, 이것이 바로 소수들이지.

하지만 이 방법을 사용해도 모든 소수를 찾을 수는 없단다. 왜냐고? 이미 2300년경에 유클리드가 밝힌 것처럼 소수는 무수히 에라토스테네스의 체로 찾은 소수. 동그라미를 그린 수들이 모두 소수다.

많기 때문이지. 여전히 많은 사람들이 지금까지 찾아진 소수보다 더 큰 소수를 찾으려 노력하고 있어. 게다가 이 소수의 성질에 대해서도 아직까지 모르는 점이 더 많단다. 『콘택트』라는 영화를 보면, 미지의 외계 생물체가 지구인에게 보내는 신호가 바로 이 소수를 이용한 것으로 나와. 어떻게 이런 일이 있을 수가 있을까? 그것은 우리가 사용하는 말과 언어가 민족에 따라 다른 것에 비해 수학의 언어인 수야말로 전우주적으로 보편적인 언어이기 때문이고 그 중에서도 소수가 다른 수와는 다른 독특한 특성을 가지고 있기 때문일거야. 너희들도 이 흥미로운 수, 소수의 특성을 조사하는 일을 해보고 싶지 않니?

디오판토스의 나이 구하기

알렉산드리아 대학에 유명한 사람들이 많았다고 이미 이야기 했었지? 그 중에는 디오판토스(Diophantus, 250년경)라는 수학자도 있었어. 그는 수에 관련된 내용과 130여 개의 문제가 들어있는 『산학』이라는 책을 저술했단다. 여기에는 초등학교 6학년과 중학교에서 배우게 되는 방정식의 해를 구하는 방법이 소개되어 있어. 이런 중요한 업적을 이룬 디오판토스지만 그가 알렉산드리아에 살았다는 것과 사망했을 때의 나이 이외에는 그에 대해서 잘 알려져 있지 않아. 다만 그를 존경했던 어떤 사람이 디오판토스의 일생에 관한 기록을 수수께끼로 만들어 그의 묘비에 다음과 같이 새겨 넣었단다.

디오판토스는 그 일생의 $\frac{1}{6}$ 을 소년으로, 일생의 $\frac{1}{12}$ 을 청년으로 살았다.

그 후 일생의 $\frac{1}{7}$ 이 지난 후에 결혼을 했고, 결혼 후 5년 만에 아들을 얻었다.

그런데 그의 아들은 정확하게 아버지의 일생의 $\frac{1}{2}$ 을 살다갔다.

디오판토스는 아들이 죽은 지 정확히 4년 후에 죽었다.

묘비에 새겨진 내용은 방정식을 글로 풀어 놓은 것이란다. 묘비를 이렇게 만든 이유는 디오판토스가 방정식에 대하여 많은 연구를 했기 때문이지.

어쨌든 이 수수께끼를 풀면 디오판토스가 몇 살에 죽었는지 알 수 있어. 한번 풀어볼까?

디오판토스가 산 나이를 x라고 하면 다음 식이 만들어진단다.

$$\frac{1}{6}x + \frac{1}{12}x + \frac{1}{7}x + 5 + \frac{1}{2}x + 4 = x$$

이 식에서 x를 왼쪽으로 모으고, 숫자를 오른쪽으로 모으면 다음과 같이 식이 변하지.

$$\frac{1}{6}x + \frac{1}{12}x + \frac{1}{7}x \; \frac{1}{2}x - x = -9$$

등호의 오른쪽과 왼쪽에 똑같이 84를 곱해주면

$$14x + 7x + 12x + 42x - 84x = -756$$

이 된단다. 이 식을 간단히 하면 $-9x = -756$ 이므로 $x = 84$임을 알 수 있지. 결국 디오판토스는 84살에 죽었다는 것을 알 수 있단다.

제2장

하늘이 움직일까?
지구가 움직일까?

1 옛날 사람들이 생각한 지구의 모습

그리스 사람들의 지구

 우리는 지구가 둥근 공처럼 생겼고, 태양 주위를 돌고 있으며 달이 지구 주위를 돌고 있다는 것을 잘 알고 있어. 하지만 옛날 사람들은 지구가 움직인다는 것을 상상도 못했단다. 그럼 과연 그 사람들은 지구와 우주를 어떤 모습으로 상상했을까?

 지금으로부터 약 5000년 전 고대

그리스 사람들은 아주 커다란 둥근 구 밖에 제우스를 비롯한 신들이 사는 곳이 있고 구의 벽에 태양과 달 그리고 별이 붙어 있다고 생각했단다. 그리고 구의 내부 한가운데 지구가 움직이지 않고 있다고 생각했지. 그들은 계절에 따라 하늘에 붙어 있는 별자리의 모양이 다르다는 것을 이용하여 씨앗을 뿌리기에 적합한 시기나 비가 많이 내리는 계절 등을 예측하여 농사를 짓는데 활용했단다.

이집트 사람들의 지구

고대 이집트 사람들은 우주를 직육면체와 같은 모양이라고 여겼어. 그 직육면체의 바닥은 땅이고, 위 부분은 하늘로 둥그런 모양을 하고 있으며 직육면체의 네 귀퉁이에는 커다란 산이 하늘을 받치고 있었지. 그리고 나일 강은 하늘과 연결되어 있는데, 하늘을 받치고 있는 산과 산 사이를 흘러 땅의 한복판을 지나가고 있고. 또 하늘에도 강이 있는데 이 강에 두 척의 배가 있어서 한 척은 낮에 태양신을 실어 나르고 다른 한 척은 밤에 달의 신을 실어 나른다고 생각했단다.

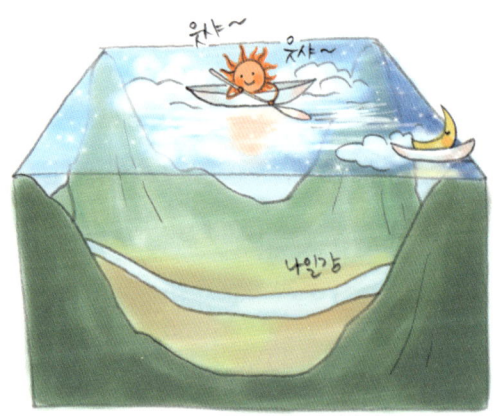

바빌로니아 사람들의 지구

지금으로부터 4000년 전 바빌로니아에 살고 있던 사람들은 하늘과 땅은 물 위에 떠 있는 평평한 두 개의 원반 모양을 하고 있다고 생각했어. 하늘을 이루는 원판 위로 다시 물이 있고 그 물 위에 여러 신들이 살고 있는 집이 있다고 생각했지. 또한 하늘의 별들은 신들의 모습으로 날마다 집에서 나와 하늘을 일정하게 움직이며 땅 위에 살고 있는 인간들을 지켜보고 있다고 생각했단다. 그래서 인간들은 신들의 감독을 받으며 신들이 정해놓은 운명에 따

라 살게 된 것이라고 믿었지.

인도 사람들의 지구

고대 인도인들은 아쿠파라(Akupara)라고 하는 거대한 거북이가 우주에 있고 그 위에 커다란 코끼리가 둥근 땅을 받치고 있다고 상상했지. 그리고 이 모든 것들은 영원한 탄생과 부활을 상징하는 뱀에 의해 둘러싸여져 있다고 생각했단다.

2 둥글지만 움직이지 않는 지구

　세월이 가며 사람들은 점점 하늘과 별 그리고 행성들의 움직임을 보다 정확하게 설명하려고 노력했지. 그 과정에서 우주와 지구가 앞에서 말한 그리스인이나 이집트인, 바빌로니아인, 인도인이 믿는 것과 같은 모양이라고 한다면 도저히 설명할 수 없는 것들이 너무 많다는 것을 알게 되었어. 그래서 사람들은 점점 지구가 둥근 모양일 것이라고 생각하게 되었단다. 하지만 이때도 지구는 우주 한가운데에 움직이지 않고 있다고 생각했지. 이처럼 지구는 가만히 있고 하늘이 움직이고 있다는 주장을 '천동설(天動說)'이라

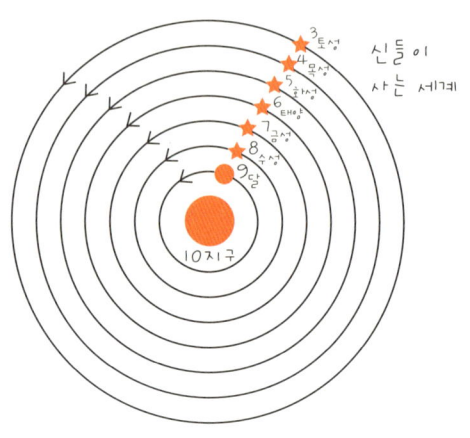

고 한단다.

  천동설에 따르면 태양계는 지구, 달, 수성, 금성, 태양, 화성, 목성, 토성 순서로 놓여 있지. 당시 사람들은 수를 신성하게 여겼는데 그 중에 10을 가장 완벽한 수라고 생각했어. 그래서 신이 만든 지구를 가장 완벽한 수 10으로 표시하고 차례로 달은 9, 수성은 8, 금성은 7, 태양은 6, 화성은 5, 목성은 4, 토성은 3으로 나타냈단다. 지구를 포함하여 여덟 개의 별들은 각각 거대한 구에 붙어 있으며 그 구가 돌고 있다고 생각했지. 그리고 그 밖에는 신들이 살고 있다고 생각했단다. 이 천동설은 여전히 하늘의 움직임을 정확하게 설명할 수 없었기 때문에 이에 보충하거나 반대하는 여러 주장들이 제기될 수밖에 없었어.

  그때 지구가 둥글며 태양 주위를 돌고 있다고 주장한 사람이 있었단다. 그의 이름은 아리스타르코스야. 그는 달, 지구와 5개의 행성들이 태양 주위를 돌고 있다고 했지. 그리고 지구가 스스로

자전을 하고 태양이 지구보다 크고 달보다 태양이 멀리 있다고 주장했지. 하지만 사람들은 그의 주장을 헛소리라고 비웃었단다.

3 프톨레마이오스의 천동설

1600년경까지도 사람들은 지구가 움직이지 않고 하늘이 움직인다는 천동설을 믿고 있었지. 사람들이 천동설을 믿게 된 배경에는 프톨레마이오스(Ptolemy, 150년경)가 쓴 『수학대계(Syntaxis Mathematica)』라는 책이 있었단다. 이 책은 천문학에

프톨레마이오스

관한 것으로 나중에 아라비아어로 번역되었지. 아라비아 사람들은 이 책의 제목을 가장 훌륭한 책이라는 뜻의 '알마게스트

(Almagest)'라고 했어. 이 책은 땅과 우주에 관한 내용을 다루며 수학적인 내용도 많이 담고 있단다. 그 내용들은 중학교나 고등학교에서 배우게 되기 때문에 여기서는 소개하지 않고, 다만 그가 우주를 어떻게 생각하고 이런 책을 썼는지 얘기해 볼게.

 프톨레마이오스의 천동설은 다른 사람들이 주장하는 천동설과는 좀 달랐어. 다른 사람들의 천동설로는 별의 크기가 변하거나 밝기가 변하는 것과 같은 현상들을 설명하기 힘들었단다. 프톨레마이오스는 그림과 같이 각각의 거대한 천구를 돌고 있는 달과 태양 그리고 5개의 행성들이 다시 작은 구를 돌고 있다고 주장했어.

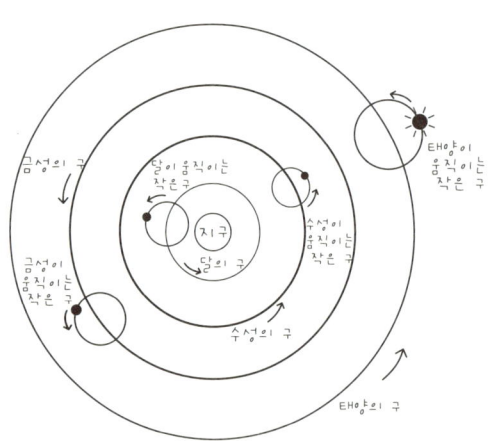

그는 자신이 만든 하늘의 모형으로 달과 태양 그리고 5개의 행성이 하늘에서 움직이는 것을 거의 정확하게 설명했단다. 하지만 그의 하늘 모형은 구조가 너무 복잡했어. 세월이 흐르며 사람들은 점점 우주가 복잡한 구조를 가지고 있다는 것에 대해 의심하게 되었단다. 왜냐하면 신이 우주를 만들 때 이렇게 복잡하게 만들지는 않았을 것이라고 생각했기 때문이지. 그런 생각을 가진 사람들 중 한 사람이었던 코페르니쿠스는 결국 하늘이 움직이는 것이 아니라 지구가 움직인다는 '지동설(地動說)'을 주장하게 된단다. 이 코페르니쿠스의 지동설은 천동설을 신성시하며 믿고 있던 당시에는 너무도 충격적이고 혁명적인 사상이었기 때문에, 맞는 것으로 받아들여지기까지는 많은 시간이 지나야만 했단다. 이미 지구가 태양 주위를 돌고 있다는 사실을 알고 있는 너희들이 보기에는 우습게만 생각될지 몰라도, 사람들이 믿고 있는 생각이나 관념, 가치관 같은 것들은 그렇게 쉽게 바뀔 수 있는 것이 아니란다. 더구나 당시에는 오늘날처럼 과학 기술이 발달하지 못했기 때문에 지동설을 믿지 않을 수 없는 절대적인 관측 자료가 부족했기도 했었지.

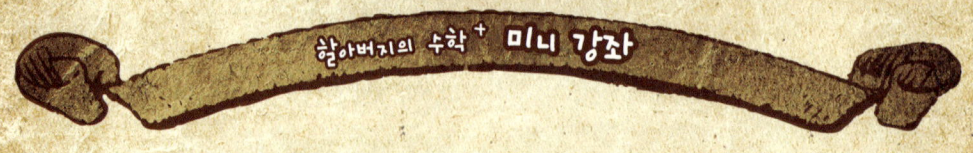

코페르니쿠스, 세상을 보는 눈을 바꾼 사람

코페르니쿠스

코페르니쿠스의 생애에 대해서는 많이 알려진 것이 없단다. 그는 1473년 2월 19일 폴란드 토룬의 상류층 귀족 가문에서 태어났고 18세가 되자 외삼촌 루카스가 그를 대학에 입학시키기 위해 크라코프 시로 데리고 갔대. 크라코프 대학에 입학한 코페르니쿠스는 그곳에서 수학, 천문학, 지질학, 철학, 교회법 등을 공부했다는구나.

당시는 1500년 전에 프톨레마이오스가 주장한 천동설을 사실로 받아들이고 있었어. 하지만 프톨레마이오스의 체계는 매우 복잡했고 천문학의 관측 결과와도 맞지 않는 것이 많았지. 프톨레마이오스의 천동설에 의하면 지구는 우주의 중심에 있는 것이 아니라 중심에서 약간 벗어난 위치에 있게 되고 각각의 행성들은 커다란 가상원을 따라 돌고 있는 동시에 작은 주전원을 돌고 있지. 프톨레마이오스가 가상원과 주전원을 도입한 것은 별들의 움직임이 항상 일정한 위치로 돌고 있지 않고 앞뒤로 움직이는 것을 설명하기 위한 것이었어.

코페르니쿠스는 프톨레마이오스의 이런 허점을 수학적으로 완벽하게 하려고 시도했어. 즉, 코페르니쿠스는 처음부터 프톨레마이오스의 천동설에 반기를 들려고 했던 것이 아니라 오히려 그 학설을 더욱 견고하게 만들려고 시도했던 것이지.

그러나 정확한 수학을 이용하면 할수록 프톨레마이오스의 주장과는 확실히 달랐기 때문에 코페르니쿠스는 직접 하늘을 관찰하기 시작했어. 그는 계속해서 천체의 움직임을 관찰하고 계산하고 또 다시 검토하는 과정에서 마침내 지구가 천체의 중심이 아니라는 것을 알게 되었단다. 이야말로 태양이 우주의 중심이라는 잘못된 천문학으로부터 벗어나 드디어 인류가 제대로 된 천문학을 갖게 된 역사적인 순간이라고 표현할 수 있겠지.

하지만 그가 생각한 천체의 모습은 교회가 내세우는 진리와 배치되는 것이어

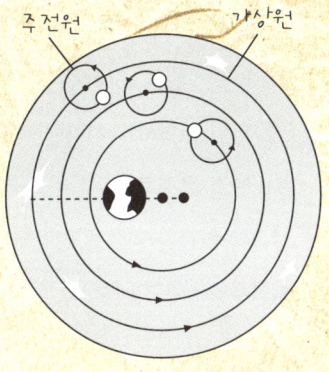

프톨레마이오스는 행성들의 역행을 설명하기 위하여 작은 원인 주전원을 덧붙였다. 각각의 행성들은 주전원의 중심을 돌고 주전원의 중심은 가상원을 따라 돌고 있다. 그런데 가상원의 중심은 지구로부터 벗어난 위치에 있다.

서 만약 자신의 결과를 발표하면 가톨릭 교회로부터 이단자로 몰릴 것은 뻔한 일이라고 생각했지. 당시에는 교회의 힘이 막강하여 교회에 위배되는 학설이나 행동을 하면 사형까지 시키던 때였어.

　1512년경 코페르니쿠스는 교회로부터 자신을 보호하기 위하여 자신의 새로운 천문학에 관한 학설을 정리해 필사본으로 만들어 몇몇 믿을만한 사람들에게만 보여주었는데, 이 원고에는 다음과 같은 7개의 원리가 담겨져 있단다.

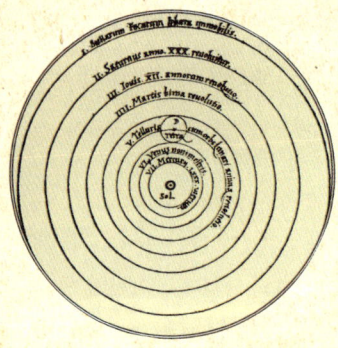

코페르니쿠스의 책 「천구의 회전에 관하여」에 실려 있는 태양계 그림

1. 우주에는 어떤 중심도 없다.
2. 지구는 우주의 중심이 아니다.
3. 태양계의 중심은 태양이다.
4. 지구로부터 태양까지 거리는 다른 별들과의 거리를 비교하면 아주 가까운 거리이다.
5. 지구의 자전이 별들의 겉보기(천체가 하루 동안 움직이는 모양) 운동을 설명해 준다.
6. 태양의 운동에 있어서 1년간의

순환 주기는 지구가 태양 주위를 공전하기 때문에 일어난다.

7. 행성들의 역행은 운동하는 지구 위에서 관측하기 때문이다.

제3장

그래도 지구는 돌고 있다

1
재판장에서

"신이 지구와 인간을 만들었을 때 최고의 정성을 기울였습니다. 그런데 어찌 땅을 움직이게 만들었겠습니까?"

"저는 제가 발명한 망원경을 이용하여 태양의 흑점을 보았습니다. 그리고 달에 있는 산을 보았고, 금성에도 위성이 있는 것을 보았습니다. 그 뿐이 아닙니다. 토성에는 고리가 있고 목성도 네 개의 위성을 가지고 있는 것을 확인했습니다. 존경하는 재판장님. 분명히 지구도 이들 행성과 같이 둥글게 생겼으며 태양을 중심으로 돌고 있습니다."

"하지만 일찍이 대(大) 철학자이신 아리스토텔레스께서 태양은 이 세상에서 가장 완전무결한 것이라고 하셨습니다. 그리고 우리가 보아서 알 수 있듯이 태양에 흑점이 있다는 것은 말도 안 됩니다. 따라서 당신은 지금 신성한 법정에서 거짓말을 하고 있는 것입니다. 어서 잘못을 인정하십시오."

"하지만 지구는 스스로 돌고 있습니다. 이것은 엄연한 사실입니다."

"지구가 돌고 있다면 그 위에서 살고 있는 우리는 왜 어지럽지 않지요? 그리고 물체를 돌려보면 알겠지만 돌고 있는 지구에 어떻게 사람들이 떨어져 나가지 않고 살 수 있습니까?"

"그 이유는 잘 모르겠습니다. 하지만 지구는 돌고 있고, 열심히 연구하면 그 이유를 밝힐 수 있을 것입니다."

"당신은 거짓말을 하고 있습니다. 만일 당신의 잘못을 인정하지 않는다면 당신을 사형시켜달라고 재판장님께 부탁하는 수밖에 없습니다. 존경하는 재판장님. 만일 이 사람이 자신의 잘못을 인정하지 않는다면 사형을 시켜야 합니다."

그러자 이야기를 듣고 있던 재판장이 말했다.

"만일 당신의 이론이 잘못되었다고 인정하지 않으면 당신을 사형시키겠습니다. 어찌하겠습니까? 인정하시겠습니까?"

그러자 그 사람은 한참을 생각하다가 결국 재판장의 말에 따르기로 했다.

"잘못 했습니다. 지구가 돌고 있다는 저의 주장은 잘못된 것입니다."

이렇게 재판이 끝났지만 그 사람은 재판장을 나오며 나지막하게 말했다.

"그래도 지구는 돌고 있다."

  이 이야기는 17세기에 살았던 유명한 과학자 갈릴레이의 재판에 관한 것으로, 후세 사람들이 그의 뛰어난 업적에 관해 이야기하기 위해 창작한 내용 중의 일부분이란다.

2 의학에서 수학으로

갈릴레이와 그가 만든 천체 망원경

갈릴레오 갈릴레이 (Galileo Galilei, 1564~1642)는 이탈리아의 피사에서 가난한 귀족의 아들로 태어났어. 그는 처음에는 의학을 공부했다가 나중에 과학과 수학으로 방향을 바꿨단다. 그가 이렇게 관심을 돌리게 된 계기가 된 것이 '진

자운동'이라고 해.

  열일곱이 된 그는 의학을 공부하기 위하여 피사 대학에 입학했어. 어느 날 피사의 성당에서 예배를 보던 중 우연히 높은 천장에 매달린 청동 램프를 보게 되었단다. 그 램프는 불을 붙이려고 옆으로 끌어 당겨져 있었는데, 램프에 불을 붙이고 놓았을 때 점차로 진폭이 작아지며 앞뒤로 진동하는 거야. 이것을 신기하게 생각한 갈릴레이는 자신의 맥박 수를 이용하여 시간을 재었는데 진동 주기가 진폭의 크기와 관계가 없다는 것을 알아냈단다. 그 후에 그는 실험을 통하여 흔들리는 진자의 주기는 진자의 추의 무게와는 관계가 없고 진자의 길이와 관계가 있다는 사실을 알게 되었어. 바로 이 문제로 인해 갈릴레이가 의학의 길을 접고 수학과 과학의 길을 선택하게 된 거지.

3 무거운 것이 빨리 떨어질까?

사람들은 흔히 갈릴레이를 물리학자 또는 천문학자라고 알고 있어. 하지만 그는 뛰어난 수학자이기도 했단다. 그는 스물다섯이라는 아주 젊은 나이에 피사 대학의 수학 교수가 되었어. 수학 교수가 된 지 얼마 후에 그는 아리스토텔레스의 "무거운 물체는 가벼운 물체보다 빨리 떨어진다."는 주장을 의심을 하기 시작했지. 당시 사람들은 아리스토텔레스의 이 말을 사실이라고 굳게 믿고 있었어. 너희들도 생각해 보렴. 얼핏 생각하면 무거운 물체가 가벼운 물체보다 빨리 떨어질 것 같지?

이에 대하여 고민하던 갈릴레이는 어느 날 그의 조수와 함께 크고 무거운 돌 하나와 작고 가벼운 돌 하나를 들고 피사의 사탑으로 올라갔단다. 너희들 피사의 사탑이 세워질 때부터 지금까지 기울어져 있다는 것은 알고 있니? 이 탑은 기울어져 있어서 낙하 실험을 하기에 알맞은 장소였지. 갈릴레이는 여러 사람들을 불러 놓고 이 실험을 공개적으로 했단다. 갈릴레이의 말을 의심하던 사람들은 이 실험으로 가벼운 물체나 무거운 물체나 동시에 떨어진다는 것을 알게 되었지.

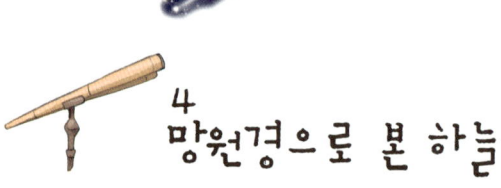

4 망원경으로 본 하늘

　갈릴레이는 1571년에 피사 대학교의 교수직을 사임하고 그 다음 해에 파두아 대학교의 수학 교수로 옮겨 갔단다. 그는 이곳에서 거의 십팔 년 동안 여러 가지 실험을 하며 열심히 연구하여 드디어 그의 이름을 세상에 알리게 되었어. 파두아 대학에 교수로 있는 동안 30배율 이상의 망원경을 만들게 되었지. 그는 바로 이 망원경으로 태양, 달, 금성, 토성, 목성 등을 관찰했단다. 이를 통해 태양의 흑점을 발견하여 이전까지 태양에는 아무런 결점이 없다는 아리스토텔레스의 주장이 틀렸다는 것을 알아냈어. 또 달에 있는 산, 금성의 위성, 토성의 환, 목성의 네 개의 위성 등을 관찰했단다.

그는 망원경을 통해 우주를 관찰한 결과 지구가 태양의 주위를 돌고 있다는 코페르니쿠스의 지동설이 옳다는 것을 알았어. 지구

가 돌고 있다는 지동설을 주장한다는 것은 당시에 매우 민감한 문제였지. 왜냐하면 지구가 움직인다면 신이 인간을 중심으로 세상을 창조했다는 신학 교리(敎理)에 위배되기 때문이었어. 그래서 그의 지동설은 당시의 성직자들로부터 거센 비난을 받게 되었고, 결국 1633년 종교재판에 회부되어 자신이 발견한 것들이 잘못되었다고 말할 수밖에 없었지.

그는 재판에서 잘못을 인정했기 때문에 감옥에 가지는 않았지만 자신의 집 밖으로 나가지 못하는 벌을 받게 되었단다. 그리고 얼마 지나지 않아서 이 위대한 과학자는 시력을 잃고 1642년에 자신의 집에서 쓸쓸히 죽었어. 우연의 일치이겠지만 갈릴레이가 죽은 바로 그 해에 위대한 수학자인 뉴턴이 태어났지.

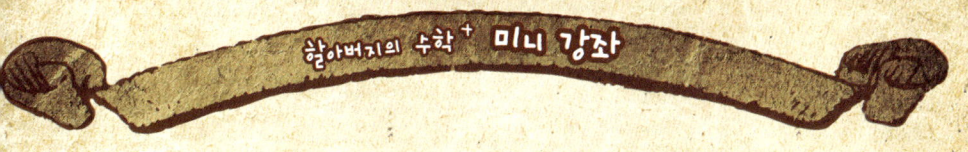

갈릴레이가 쓴 두 권의 중요한 책

코페르니쿠스의 지동설이 옳다는 것을 밝힌 갈릴레이의 책은 1980년까지 읽어서는 안 되는 책이었단다. 그러나 지구가 태양의 둘레를 돌고 있고 지구가 우주의 중심이 아니라는 사실을 발표한 죄로 재판을 받은 지 347년 만에 로마 교황청은 갈릴레이가 죄가 있다고 했던 애초의 판결을 다시 심사했단다. 일생 동안 독실한 가톨릭 신자였던 그는 과학자로서 이루어졌던 자신의 발견이 성경의 가르침과 달랐을 뿐만 아니라 그 결과로 유죄 판결을 받게 되어 상당히 괴로워했다고 해. 결국 교황청은 얼마 전에야 갈릴레이에게 잘못이 없다는 최종 판결을 내렸단다.

갈릴레이는 이탈리아어로 두 권의 유명한 책을 저술했어. 하나는 천문학에 관한 것이고, 다른 하나는 물리학에 관한 것이

『두 주요 세계 체계에 관한 대화』 표지

지. 천문학에 관한 책은 1632년에 쓴 『두 주요 세계 체계에 관한 대화』란다. 이 책은 프톨레마이오스가 주장한 천동설과 코페르니쿠스가 주장한 지동설의 옳은 것과 옳지 않은 것을 다루고 있지. 그런데 바로 이 책 때문에 갈릴레이가 재판을 받게 된 거야.

1638년에 출판한 두 번째 책 『두 새로운 과학에 관한 대화』는 그가 자신의 집에 강제로 연금되어 있을 때 물리학에 대해 쓴 책이란다. 이 책은 지식이 넓은 학자인 살비아티와 지성적인 아마추어 사그레도 그리고 아리스토텔레스의 말이 모두 옳다고 생각하는 심플리키오라는 세 사람이 대화를 나누는 형식으로 되어 있어. 이 책에서 갈릴레이는 무한히 큰 무한대와 아주 작은 무한소에 관해 다루고 있지. 이 개념들은 19세기의 수학자 칸토어(George Cantor, 1845~1918)가 제시한 집합론과 초한수를 설명하는 기본 개념인 무한집합과 거의 동일한 개념이란다.

그의 책 『두 새로운 과학에 관한 대화』에 실린 문제 하나를 볼까?.

다음 그림과 같이 A를 중심으로 하는 두 개의 원판을 생각해 보자. 중심이 같은 원을 동심원이라고 하는데, 이 동심원의 바퀴를 평면상에서 한 번 회전시켜 A, B, C가 D, E, F의 위치로 왔다고 가정해. 동심원의 그림에서 BE는 작은 바퀴의 둘레의 길이이고, CF는 큰 바퀴의 둘레의 길이야. 이 그림에서 보는

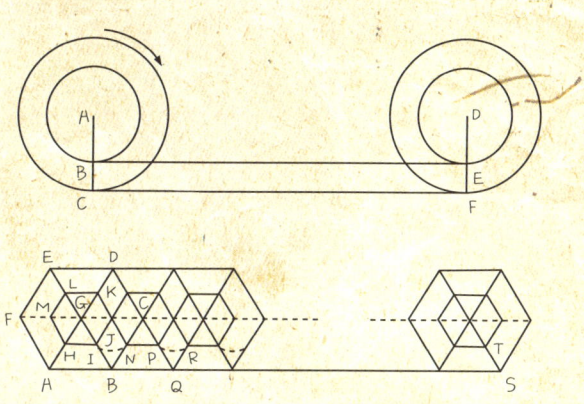

바와 같이 $\overline{BE} = \overline{CF}$이므로 큰 바퀴와 작은 바퀴의 둘레는 같단다.

이런 일이 실제로 벌어질까?

얼핏 생각하면 사실인 것 같기도 하지만 분명히 잘못된 것이란다. 그럼 과연 어디가 잘못된 것일까?

직관적으로 생각하면, 큰 바퀴 위에 찍힌 점은 항상 $\overline{CF}$ 위에 나타날 것이고, 작은 바퀴 위에 찍힌 점은 큰 바퀴의 반경 위에 있으므로 $\overline{BE}$ 위에 나타날 것이라 생각하기 쉽지. 따라서 큰 바퀴와 작은 바퀴의 둘레는 바퀴의 반지름에 관계없이 같다는 결론이 나온단다. 그러나 이 문제는 위 그림의 아래쪽에 있는 정육각형을 회전시켜보면 풀리게 돼.

큰 정육각형의 변은 언제나 직선 $\overline{AS}$에 밀착되어 있으나, 작은 정육각형의 변은 군데군데서 점프하고 있어. 예를 들어, 큰 정육각형이 오른쪽으로 회전하여 그 위의 점 C가 Q와 겹쳤다고 하자. 이 때, 작은 육각형의 점 I는 N에, J는 P의 위치에 오게 되므로, $\overline{IJ}$는 $\overline{NP}$와 겹친단다. 그런데 I와 N 사이에서 작은 정육각형의 변은 직선 $\overline{HT}$에 밀착하지 않고 점프한 결과가 되지. 작은 정육각형의 회전에는 $\overline{IN}$, $\overline{PR}$, ……과 같은 '점프하는 부분'이 생기게 돼.

따라서 변의 개수를 아주 크게 늘려서, 정백만각형의 경우를 생각해보면, 작은 쪽의 회전의 자취 $\overline{HT}$는 백만 개의 변을 합친 길이와 백만보다 1이 적은 999,999개의 '점프하는 부분'의 구간으로 이루어진 것이라는 사실을 알 수 있단다.

이제 변의 수를 무한히 많이 늘려 다각형을 원에 가깝게 만들면 작은 바퀴가 지나간 선분 속에는 이 다각형의 무한 개의 변과 무한 개의 '점프하는 부분'이 들어있고 따라서 작은 바퀴의 둘레와 큰 바퀴의 둘레는 이 무한히 많은 '점프하는 부분'을 합해놓은 만큼 차이가 나게 되지.

이것에 관한 것은 이미 아리스토텔레스가 설명했었어. 그래서 사람들은 이것을 종종 '아리스토텔레스의 바퀴(Aristotle's wheel)'라고 부른단다.

제4장
제논의 역설

1
소피스트와 제논

고대 그리스 사람들은 무엇이든지 아름다운 것을 최고로 여겼단다. 또 어떤 일이든지 그 일의 원인과 결과를 알아내려는 호기심도 강해서 모든 일을 논리적으로 설명하기를 좋아했어. 이런 여러 가지 이유 때문에 고대 그리스의 아테네는 문화의 중심지가 되었단다.

아테네를 중심으로 점점 학문이 발전하면서 새로운 지식을 알려고 하는 사람들이 많아졌고 그런 지식을 다른 사람에게 돈을 받고 가르치는 사람들이 등장하게 되었어. 이렇게 돈을 받고 다른 사람들을 가르치거나 대신 변호해 주는 사람들을 '소피스트(Sophist)'라고 했단다. 이들은 처음에는 '현명한 사람들'이라는 뜻으로 불렸지만 차차 다른 사람을 이기기 위해 상대의 사고를 어지럽히거나 감정을 격양시키는 궤변을 하기 시작하면서 '궤변가'로 그 의미가 바뀌게 되었어.

  이러한 소피스트 중에서 우리에게 가장 잘 알려진 사람은 제논(Zenon ho Elea)이야. 그는 기원전 490년경에 태어나서 약 60살까지 살았던 것으로 추측하고 있어. 제논은 자신과 스승의 철학을 방어하기 위해 여러 가지 변론을 했단다.

  제논은 파르메니데스의 제자이자 친구였어. 여기서 파르메니데스를 잠깐 소개하고 넘어갈게. 그는 고대 그리스의 철학자로 '존재하는 것'과 '존재하지 않은 것' 사이의 관계로부터 '존재하는 것'의 성질이 무엇인지 이끌어내는 등 여러 주제들을 탐구했지. 너희에겐 어렵게만 느껴지는 이야기겠지만, 철학 분야에서는 아주 중요한 문제란다. 그가 남긴 여러 업적은 오늘날에도 여전히 매우 중요한 것으로 평가받고 있어.

이 파르메니데스의 생각을 변호하기 위해 제자이자 친구인 제논은 다양한 변론을 했는데, '제논의 역설'이라는 이름으로 불리는 그의 변론은 수세기 동안 수학자들이 이 역설을 풀기 위해 고심해왔고, 또 자주 인용될 정도로 유명하단다. 이 제논에 대한 이야기가 플라톤이라는 뛰어난 철학자가 지은 책에 나오지. 그 책 중 「파르메니데스」라는 부분에서 젊은 소크라테스와 파르메니데

스, 그리고 마흔 살 정도의 남자가 함께 대화를 나눴다는 대목이 있는데, 이 마지막 남자가 바로 제논이야. 제논은 아주 젊었을 때 자신의 논증들을 모아 책으로 만들었다고 해. 플라톤에 따르면 제논도 모르는 사이에 사람들 사이에서 제논의 책이 인기가 많았다고 하는구나.

그럼 이제, 제논이 주장한 세 가지 유명한 역설에 대해 얘기해 줄게.

2 아킬레스와 거북이

고대 그리스 사람 중에서 아킬레스라는 사람이 있었단다. 이 사람은 달리기를 무척 잘했어. 그래서 당시 열렸던 올림픽 경기의 달리기에서 여러 번 우승을 했지. 그런 아킬레스가 거북이와 경주를 하면 누가 이길까? 똑같은 조건에서 달리기를 하면 아킬레스가 이기겠지. 그렇다면 거북이를 아킬레스보다 먼저 출발시키면 어떻게 될까?

물론 달리기를 시작한 얼마 후에 아킬레스는 느림보 거북이를 따라잡고 이겼겠지. 하지만 이 문제에 이의를 제기한 사람이 바로

제논이란다. 그는 아킬레스는 절대로 거북이를 앞지를 수 없다고 했어. 그의 주장을 한 번 들어볼래?

아킬레스가 거북이의 처음 출발점에 도착했다면 거북이는 그 사이에 느린 속도이지만 앞으로 나아갔으므로 거북이는 여전히 아킬레스보다 앞에 있다. 다시 아킬레스가 거북이가 있는 그 다음 위치까지 달려갔을 때, 거북이는 계속해서 움직이므로 아킬레스보다 아직도 앞서 있다. 이런 식으로 계속 진행하면 아무리 발이 빠른 아킬레스라고 하더라도 절대로 느림보 거북이를 따라잡을 수는 없다.

이것이 유명한 제논의 '아킬레스와 거북이의 역설'이란다. 너희가 직접 이 역설이 어떻게 잘못되었는지, 한 번 증명해보지 않을래?

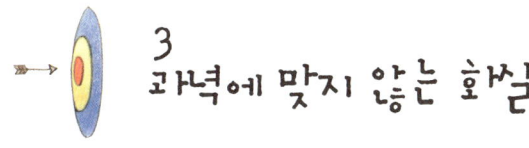

3 과녁에 맞지 않는 화살

 당시 철학자들은 "시간은 크기가 없는 무수한 시각의 모임이다."라고 주장했단다. 이런 주장에 대하여 제논은 "날아가는 화살은 날지 않는다."라는 황당한 주장으로 다른 사람들의 주장을 반박했지. 그 이유를 그는 이렇게 설명했어.

 활시위를 떠나 공중을 날아가고 있는 화살을 생각해보자. 이 화살은 날고 있는 시간 동안 각 시각에서 일정한 점에 위치하고 있어야 한다. 그러므로 각각의 시각 마다에서 일정한 위치를 차지하게 되고, 결국 화살은 그 시각 마다

정지하고 있어야 한다. 따라서 이러한 정지 상태가 무수히 많기 때문에 날 수 없게 된다. 그러므로 활시위를 떠난 화살은 절대로 과녁에 꽂힐 수 없고 공중에 매 시각 정지해 있게 된다.

이번 역설은 앞의 아킬레스와 거북이의 경우보다 더 어렵나? 역시 이 역설도 직접 거짓임을 증명해 보렴.

4
5분=10분?

제논은 "어떤 시간과 그 시간의 반은 같다."라고도 주장했지. 이 말을 풀어보면 1시간과 30분은 같다는 뜻이란다. 진짜 그럴까? 그 당시 철학자들은 제논의 이 주장에 대하여 이렇다 할 반론을 제기하지 못했단다. 그가 어떻게 주장했는지 한 번 들어보렴.

원소 A는 정지해 있다. 원소 B는 오른쪽으로 움직이고, 원소 C는 왼쪽으로 움직이는데 처음에는 그림과 같이 정지해 있는 원소 A와 각각 다섯 개의 점이 겹쳐있다.

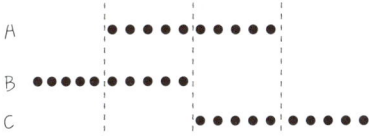

이때 두 점이 겹쳐지는데 걸리는 시간을 각각 1분이라고 하자. 그러면 일정한 시간이 지난 후에 A, B, C는 다음 그림과 같이 나란히 서게 된다.

이렇게 되려면 B와 C의 원소는 각각 A의 원소 다섯 개를 스쳐 지나가게 된

A ●●●●●●●●●●
B ●●●●●●●●●●
C ●●●●●●●●●●

다. 동시에 B와 C는 모두 열 개를 스쳐 지나가게 된다. 그런데 B와 C는 A와 겹쳐지는데 각각 다섯 개의 점이 겹쳐져야 하므로 5분이 걸린다. 그리고 B가 C와 겹쳐지기 위해서는 열 개의 점을 지나야 하므로 10분이 걸리게 된다. 그런데 이들은 동시에 일어나는 일이므로 5분과 10분은 같은 시간이다. 즉, 어

떤 시간은 그 시간의 반과 같다.

'아킬레스와 거북이' 그리고 '과녁에 맞지 않는 화살'과 함께 아무리 생각해도 알쏭달쏭한 문제지? 이런 역설은 당시 철학자들이 수학에서 '무한'이 무엇인지 알지 못했기 때문에 해결하지 못했단다. 옛날에는 무한이라는 것은 신만이 알고 있는 것이라고 생각했기 때문에 무한을 다루는 것을 매우 조심스러워 했어. 그래서 아무도 제논의 주장을 반박할 수 없었단다.

너희들은 고등학교에서 무한과 극한이라는 것을 배우게 될거야. 그때가 되면 제논의 주장이 왜 틀렸는지 알게 될 거고. 그렇지만 너희가 지금 알고 있는 모든 것을 총동원해서 머리를 짜내보면 무언가 새로운 증명법이 만들어질 수도 있겠지. 그러니 지금 한 번 이 제논의 역설을 깨뜨릴 방법이 무엇인지 고민해보지 않을래?

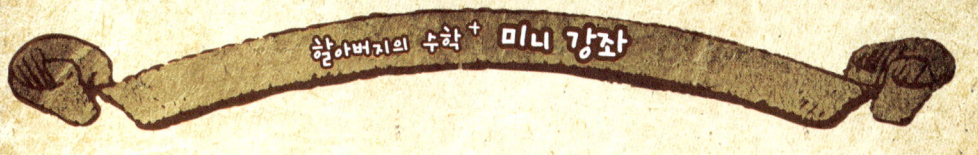

소피스트에 얽힌 재미있는 이야기

유명한 소피스트인 프로타고라스 (Protagoras, 기원전 485?~기원전 414?)에게 어느 날 한 가난한 젊은이가 찾아와서 제자가 되길 원했어. 그런데 이 젊은이는 너무나 가난했기 때문에 수업료를 낼 수 없었지. 그래서 그 젊은이는 프로타고라스와 이렇게 약속했단다.

"앞으로 제가 선생님에게 변론을 배운 후에 변론에서 이기면 그때 수업료를 내겠습니다."

프로타고라스를 그린 모자이크화

그래서 프로타고라스는 그 젊은이를 제자로 받아들였단다. 열심히 공부하여 변론술을 모두 배운 제자는 사회적으로 큰 성공을 했지만, 변론을 한 번도 하지 않기 때문에 그의 선생님에게 수업료를 내지 않았어. 결국 기다리다 지친 프로타고라스는 법원에 찾아가 수업료를 받게 해달라고 제자를 상대로 소송을 제기했단다. 재판이 열렸고 많은 방청객이 모인 가운데 프로타고라스가 재판장에게 이렇게 말했어.

"나는 이 재판에서 이기든 지든 관계없이 제자에게 수업료를 반드시 받게 됩니다. 왜냐하면 이 재판을 하는 이유가 수업료를 받기 위한 것이므로 이 재판에서 이기면 당연히 수업료를 받아야 합니다. 만약 내가 이 재판에서 지고 나의 제자가 이긴다면 제자와 한 약속대로 변론술을 잘 가르쳐서 제자가 이겼으므로 그 대가로 제자는 나에게 수업료를 내야 합니다. 그러니 어떤 경우도 나는 수업료를 받게 되므로 수업료를 주도록 판결하여 주십시오."

프로타고라스의 변론을 듣고 나서 그의 제자는 다음과 같이 자신을 변론했단다.

"저도 이 재판에서 이기든 지든 상관없이 수업료를 드릴 수 없습니다. 왜냐하면 이 재판의 목적이 수업료를 내느냐 안 내느냐를 판결하는 것이므로 만약 내가 이기면 수업료를 낼 필요가 없습니다. 또 만약 이 재판에서 내가 진다면 선생님과의 약속대로 내기에서 졌으므로 수업료를 드릴 필요가 없습니다. 그러니 이 재판에서 제가 이기든지 지든지에 관계없이 수업료를 낼 수 없습니다. 따라서 수업료를 내지 않아도 된다고 판결하시기 바랍니다."

과연 이 재판의 옳은 판결은 무엇일까? 이 재판 결과에 대한 기록을 찾을 수 없기 때문에 결론은 알 수 없어. 너희들은 누가 이겼다고 생각하지?

제5장

0의 역사

1  0의 처음 모습

'0'이 처음 태어난 곳은 오늘날 멕시코 남부야. 그곳에 살고 있던 마야 사람들이 처음 만들어 냈지. 처음 탄생했을 때는 지금과는 많이 달랐단다. 처음 태어났을 때 모습은 이렇게 생겼었단다. 이게 무슨 모양이냐고? 이것은 빈 굴 껍데기를 나타낸단다. 아무것도 없이 비어있다는 뜻이야.

0은 다른 나라에서도 태어났는데 생긴 모양은 조금씩 달랐지.

지금으로부터 약 2200년 전 바빌로니아에서 0의 임무는 숫자가 빠진 곳을 메우기 위한 것이었어. 그래서 0을 사용한 흔적은 있지만 계산할 때에는 사용하지 않았단다. 바빌로니아에 살던 당시 사람들은 0을 수로 생각하지 않았기 때문이야. 바빌로니아 사람들이 쐐기문자를 사용했다는 것은 잘 알고 있지? 그래서 바빌로니아에 살던 0의 모습은 처럼 생겼었단다.

  0이 수로서 인정을 받지 못했던 것은 당시 중국에서도 마찬가지였어. 하지만 처음에 중국의 0은 투명했단다. 투명하다는 말이 무슨 뜻이냐고? 0은 0인데 아무런 모습이 없는 0이었지. 중국인들은 막대기를 이용하여 수를 표현했는데, 다음 그림과 같이 셈판의 내부를 작은 정사각형으로 구분하고 그 안에 자리를 맞춰 막대기로 수를 표현했어.

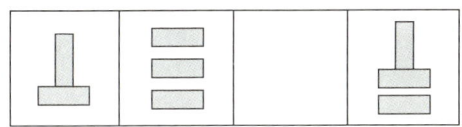

  그림에 표현된 수는 6,307이란다. 여기서는 0이 아무런 모습도

보이질 않지. 그러다가 0을 책에 옮겨 적기 위해 ○과 같이 만들었단다. 지금의 모습과 많이 비슷하지?

2
인도에서의 0

인도에서의 0이 가장 멋있었단다. 사실 지금의 0의 모습은 인도로부터 물려받은 것이야. 하지만 처음부터 이런 모습은 아니었어. 지금으로부터 약 1800년 전 인도에서의 0의 모습은 지금과는 달랐지.

애기들도 처음 태어나면 작잖니? 0도 작았단다. 얼마만 했냐고? 처음 인도에서 태어났을 때는 바로 '··'이랬단다. 귀엽지? 그러다가 876년에 인도에서 지금과 같은 모습의 0을 쓴 기록이 발견되었어. 드디어 0이 0의 모습을 찾은 것이지. 그리고 그때부터 지금까지 0이 없는 곳은 한 곳도 없단다.

그런데 인도에서는 재미있는 일이 벌어졌지. 그게 뭐냐고?

0도 수이기 때문에 0을 포함한 사칙 계산이 모두 가능하다고

생각한 거야. 사실 양수와 음수의 규칙을 만든 인도의 수학자 브라마굽타는 $0 \div 0 = 1$이라고 했단다. 하지만 그는 $2 \div 0$이나 $3 \div 0$과 같이 0이 아닌 수를 0으로 나누었을 때의 값에 대해서는 아무런 설명을 할 수 없었지.

그러다가 12세기 인도 최고의 수학자였던 바스카라(Bhāskara, 1114~1185)는 처음으로 0이 아닌 수 a에 대하여 $a \div 0$의 값은 무한대라고 주장했어. 다음 글은 1150년경에 발표된 그의 책 『씨앗계산(Vija-Ganita)』에 나오는 구절이란다.

분자 3, 분모 0.
분수의 몫. 분모가 0인 이 분수의 값은 무한대이다. 분모가 0인 이런 분수에 아무 값을 더하거나 빼도 변함이 없다.

그러면서 바스카라는 $\frac{a}{0} \times 0 = a$라고 했단다. 그래서 그 당시 0으로 곱하거나 나누는 개념이 분명하지 않았다는 것을 알 수 있지. 물론 너희들은 0으로는 어떤 수도 나눌 수 없다는 것을 잘 알고 있지? 예를 들어 2를 3으로 나누면 $2 \div 3 = \frac{2}{3}$이지. 이것은 사과 2개를 3명이 나누어 먹을 때 한 사람이 사과를 얼마만큼씩 가질 수 있는지와 똑같지. 그런데 2를 0으로 나눌 경우를 생각해 보자. 사과 두 개를 아무에게도 나누어 주질 않으면서 한 사람이 얼마만큼씩 가질 수 있을까? 0개일까? 처음부터 가질 사람도 없었는데! 그래 이것은 바로 계산할 수 없는 문제란다. 그래서 이런 경우를 '불능'이라고 하지. 꼭 기억해 둬. 0으로는 어떤 수도 나눌 수 없다는 것을.

3 0이 중요한 이유

0이 나누기에서만 중요한 것은 아니란다. 0이 없었다면 일상생활에서 많은 불편함을 겪어야 할 거야. 그 중 가장 대표적인 것은 0을 기준으로 하는 양수와 음수지. 만일 0이 없었다면 양수도 음수도 없고 그냥 수만 있을 뿐이야. 수직선에서는 0을 기준으로 오른쪽에 있는 수를 양수, 왼쪽에 있는 수를 음수라고 하지. 음수가 없으면 무슨 일이 벌어질까?

산의 높이를 나타낼 때는 해발 1,000m와 같이 나타내지. 그리고 바다의 깊이를 나타낼 때는 해저 1,000m와 같이 나타내. 이것을 간단히 수로 나타내면 +1,000m와 -1,000m란다. 즉, 산의 높이는 양수로 그 반대인 바다의 깊이는 음수로 나타낸 것이지. 그런데 음수와 양수가 없다면 높은 산도 깊은 바다도 모두 1000m로 나타낼 수밖에 없겠지. 그럼, 그게 높이 올라와 있다는 것인지 아니면 내려가 있다는 것인지 알 수 없을 거야.

또 0이 있었기 때문에 지금 사용하고 있는 자릿수 체계인 십진법이 있을 수 있었단다. 생각을 해봐. '203'에서 0이 없다면 '23'이라고 해야 하는데, 그 수가 '23'인지 '2 3'인지 너무 헷갈리지 않니? 또 '230'은 어떻고. '23'과 '23'은 더욱 구별하기 힘들겠지? 그러니 수를 올바르게 표현하려면 0이 반드시 필요하지. 이제 0이 얼마나 소중한 존재인지 잘 알았겠지?

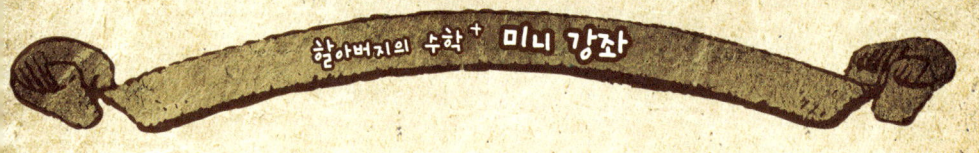

0이 숫자 중에서 가장 늦게 사용된 이유는?

우리가 사용하고 있는 십진법은 위치 수 체계를 바탕으로 하고 있단다. 즉 숫자가 위치하고 있는 곳에 따라 자리의 값이 달라지지. 이를 테면 333에서 맨 앞의 3은 100이 3개 있음을 뜻하고 두 번째 3은 10이 3개, 마지막 3은 1이 3개 있음을 뜻한단다. 이런 수 체계에서 반드시 필요한 것이 0이야.

예를 들어

023

203

230

2003

등은 0의 개수와 위치에 따라 서로 다른 숫자의 크기가 결정된단다.

0을 처음 사용하기 시작한 것은 인도인들로 알려져 있어. 그들은 10진법을 사용했으며 위치 수 체계를 사용했는데, 이 때 203과 같은 숫자를 나타내기 위하여 2와 3 사이에 공간을 두어 '2 3'으로 나타냈지. 처음에 이 빈 자리는 숫자들 사이의 단순한 간격을 나타내는 것이었어. 그러나 읽을 때의 모호함 때문에 인도인들은 하나의 기호, 그러니까 점 또는 원을 사용하기 시작했단다. 그러나 0은 처음부터 '공백' 또는 '부재' 즉 '없음'을 뜻하는 철학적 의미를 내포하며 사용되었어.

0의 명칭은 '공백' 또는 '부재'를 뜻하는 산스크리트어인 '슈냐(shûnya)'에서 유래되었단다. 이 단어는 본래 공백, 하늘, 공기, 공간의 의미를 내포하고 있었지. 그래서 1단위, 10단위, 100단위 등과 같은 수의 요소 중 하나로 '없음'이라는 개념을 표현하기 위해 인도 학자들은 슈냐라는 단어가 수학적 관점에서뿐만 아니라 철학적 관점에서도 매우 적절하다고 생각했어.

처음에 공백을 나타내기 위해 하늘 나라를 표현하는 그림이나 기호를 사용했는데, 그 기호로 사용된 것은 반원이나 원 또는 아주 단순한 기하학적 원 등이었지. 점도 또한 0을 표현하는 한 가지 방법이었단다. 그래서 초창기에는 0에 대한 표현 방법이 여러 가지가 있었어.

우선 문자 그대로 '빈 공간'을 뜻하는 '슈냐 카(shûya-kha)'가 있어. 연산을 가능케 하는 0의 이름이었던 이 명칭은 기수법에서 1단위, 10단위, 100단위 등의 '없음'을 나타내기 위해 빈 칸으로 표기했단다.

'빈 원'이라는 뜻의 '슈냐-샤크라(shûnya-châkrâ)'도 0의 명칭으로 사용되었어. 이 명칭은 인도와 남아시아 전역에서 지금도 사용되고 있지.

슈냐-샤크라(shûnya-châkrâ, 0의 초창기 모습

0의 또 다른 표현은 '슈냐-빈두(shûnya-bindu)'란다. '영 점'을 의미하는 이 단어는 카시미르의 여러 지역에서 사용되었어.

●

슈냐-빈두(shûnya-bindu), '0'의 또 다른 초창기 모습

마지막으로 "양이 없다."는 '무량(無量)'을 나타내는 '슈냐-삼캬(shûnya-samkhya)'가 있었어. 이것은 '빈 수'를 뜻하는데, 이때부터 0을 수로 인정하기 시작했단다.

이처럼 처음에 숫자 0은 단순히 숫자로서만이 아니라 철학적 의미를 가지고 있었기 때문에 일반인들이 사용하기에는 한계가 있었지. 그런 이유로 숫자 중에서 가장 늦게 대중들이 사용하기 시작한 것이란다.

제6장

피보나치수열과 황금비

1 피보나치 수열

L. 피보나치의 조각상

피보나치(Leonardo Fibonacci, 1170?~1250?)라는 사람에 대해서는 이미 알고 있지? 예전 사람들이 곱셈과 나눗셈을 어떻게 했었는지에 대해 설명하면서 피보나치와 그가 쓴 책 『산반서』에 대해 얘기했었잖니. 이젠 『산반서』에 나와 있는 문제 하나를 소개하면서 재미있는 수열에 대해 얘기해 줄게.

『산반서』는 모두 15장으로 이루어져 있고 약 400개 정도의 문제가 담겨있어. 그 많은 문제 중에서 너희들에게 소개하려는 것은 제12장에 있는 문제야. 이 문제는 특별한 성질을 갖고 있는 수를 차례대로 늘어놓은 수열에 관한 것이지. 우리는 이 문제에 관련된 수열을 『산반서』의 저자인 피보나치의 이름을 따서 피보나치 수열이라고 부른단다. 사실 이 수열의 이름은 1870년대에 프랑스 수학자 루카(E. Lucas)가 붙였어.

이 수열은 과학과 건축, 예술뿐만이 아니라 자연의 여러 곳에서도 나타난단다. 아름답거나 질서정연한 어떤 곳이면 빠지지 않고 등장하고 있어. 그럼 먼저 『산반서』에 있던 피보나치 수열 문제가 무엇이었는지 알아볼까?

어떤 사람이 토끼 한 쌍을 우리에 넣었다. 이 토끼 한 쌍은 한 달에 새로운 토끼 한 쌍을 낳고, 낳은 토끼들도 한 달이 지나면 다시 한 쌍의 토끼를 낳는다. 그렇다면 일 년이 지나면 몇 쌍의 토끼가 있을까?

이 문제를 그림을 그려가며 알아볼까?

첫 달은 원래 우리에 넣은 토끼 한 쌍만이 있겠지.

1월

첫 달의 토끼 쌍의 수는 한 쌍이다.

두 달째, 원래 있던 토끼 한 쌍은 새끼 토끼 한 쌍을 낳게 되어 이젠 모두 두 쌍의 토끼가 우리에 있게 되겠지?

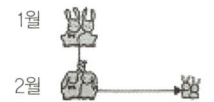

두 번째 달의 토끼 쌍의 수는 두 쌍이다.

세 달째, 처음에 있던 토끼 한 쌍은 또 다른 새끼 토끼 한 쌍을 낳고, 처음 태어난 한 쌍의 새끼 토끼는 자라서 어른 토끼 한 쌍이 될 거야. 그래서 우리 안에는 모두 세 쌍의 토끼가 있게 되었단다.

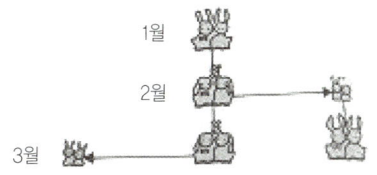

세 번째 달의 토끼 쌍의 수는 세 쌍이다.

다시 한 달 후, 처음 토끼 한 쌍은 또 다른 새끼 토끼 한 쌍을 낳고, 두 번째로 나온 토끼 한 쌍은 어른 토끼로 자랐겠지. 그리고 첫 번째 태어나서 다 자란 토끼 한 쌍은 다른 새끼 토끼 한 쌍을 낳아서 우리에는 모두 다섯 쌍의 토끼가 있게 되었단다.

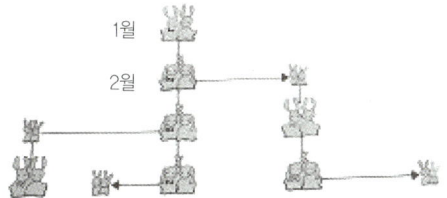

네 번째 달의 토끼 쌍의 수는 다섯 쌍으로 늘어난다.

이와 같은 방법으로 계속해서 번식을 하면 다섯 번째 달에는 여덟 쌍, 여섯 번째 달에는 열세 쌍의 토끼가 우리에 있게 된단다.

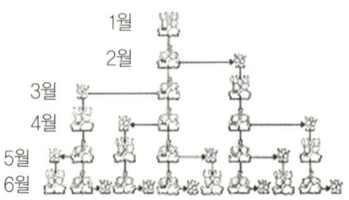

반 년이 지난 후 토끼는 모두 열세 쌍이 된다.

일곱 달째부터는 계산하기가 쉽지 않겠구나. 하지만 앞에서와 같은 방법으로 계속해 나갈 수는 있단다. 그런데 이렇게 계속하는 것은 너무 힘들고 지루하겠지. 이럴 때 필요한 것이 뭐? 바로 수학이란다.

각 달마다 토끼 쌍의 수를 조사하면 각각 1, 2, 3, 5, 8, 13이지. 여기에 처음의 수로 1을 넣고 생각하면 다음과 같은 규칙이 있다는 것을 알 수 있단다.

$$1 \to 1 \to 2 \to 3 \to 5 \to 8 \to 13 \cdots\cdots$$

0+1   1+1 1+2   2+3 3+5 5+8

달	새끼 토끼 쌍의 수	어미 토끼 쌍의 수	우리 안 토끼 쌍의 수
1달째	0	1	1
2달째	1	1	2
3달째	1	2	3
4달째	2	3	5
5달째	3	5	8
6달째	5	8	13
7달째	8	13	21
8달째	13	21	34
9달째	21	34	55
10달째	34	55	89
11달째	55	89	144
12달째	89	144	233

즉, 바로 앞의 두 달의 토끼 쌍의 수를 합하면 다음 달의 토끼 쌍의 수를 구할 수 있단다. 그래서 일 년이 지난 후인 열세 달째에

우리 안에 있는 토끼는 앞의 두 달의 토끼 쌍의 수를 합하여 144+233=377쌍이 돼. 이렇게 해서 얻게 된 수들 1, 1, 2, 3, 5, 8, 13, 21, …… 등을 '피보나치 수(Fibonacci number)'라고 하고, 피보나치 수를 차례로 늘어놓은 것을 '피보나치 수열'이라고 한단다.

피보나치 수를 표현할 때는 『산반서』의 저자인 피보나치(Fibonacci)의 앞 글자 F를 사용하는데, 세 번째 피보나치 수 2는 $F_3=2$로 일곱 번째 피보나치 수는 $F_7=13$과 같이 나타내지. 즉 n번째 피보나치 수를 F_n으로 나타낼 수 있단다. 이러한 피보나치 수 사이의 관계를 수학적으로 표현하면 $F_{n+2}=F_{n+1}+F_n$와 같아. 즉, n+2번째 피보나치 수는 n+1번째와 n번째 피보나치 수의 합과 같게 된다는 것이지.

2 피보나치 수열 속의 황금비

 피보나치 수열이 중요한 이유 중 하나는 이 수열 속에 황금비가 숨어 있기 때문이야. 너희들도 알다시피 황금비는 인간이 가장 아름답게 생각하고 있는 비율인 1:1.618을 말해. 오늘날에는 이러한 황금비가 진짜 많은 곳에서 사용되고 있지. 그렇다면 황금비는 피보나치 수열의 어디에 숨어 있을까?

 피보나치 수열에서 n번째 피보나치 수 F_n으로 n+1번째 피보나치 수 F_{n+1}을 나누면 점점 황금비에 사용되는 수 1.618에 가까워진단다. 확인해 볼까?

이를테면 두 번째 피보나치 수 $F_2=1$로 세 번째 피보나치 수 $F_4=2$를 나누면 $\dfrac{F_3}{F_2}=\dfrac{2}{1}=2$가 되지. 다음은 세 번째 피보나치 수 $F_3=2$로 네 번째 피보나치 수 $F_4=3$을 나누면 $\dfrac{F_4}{F_3}=\dfrac{3}{2}=1.5$가 나와. 이와 같은 방법으로 계속하면 다음과 같은 수들을 얻을 수 있단다.

$$\dfrac{F_5}{F_4}=\dfrac{5}{3}=1.6666\cdots\cdots$$

$$\dfrac{F_6}{F_5}=\dfrac{8}{5}=1.6$$

$$\dfrac{F_7}{F_6}=\dfrac{13}{5}=1.625$$

$$\dfrac{F_8}{F_7}=\dfrac{21}{13}=1.61538\cdots\cdots$$

$$\dfrac{F_9}{F_8}=\dfrac{34}{21}=1.6190\cdots\cdots$$

$$\dfrac{F_{10}}{F_9}=\dfrac{55}{34}=1.617647\cdots\cdots$$

$$\vdots$$

더 많은 피보나치 수로 계속해서 계산하면 결국은 황금비 1.618에 점점 가까워지는 것을 알 수 있단다. 즉 '$\dfrac{F_{n+1}}{F_n}\approx 1.618$'로 나타낼 수 있어.

3 황금비는 어디에서 찾아볼 수 있나?

피보나치 수열 속에 어떻게 황금비가 숨어 있는지 알아보았으니 이제는 황금비가 사용되고 있는 몇 가지 예를 알아볼까?

우선 너희들이 가지고 있는 교통 카드나 부모님이 가지고 있는 신용 카드에서 황금비를 볼 수 있지. 카드의 가로와 세로의 길이의 비를 따져보면 1:1.618정도가 된다는 것을 알 수 있어.

피보나치보다 적어도 1600년 전의 그리스인들은 이 비율이 너무 아름답기 때문에 '황금비(Golden Ratio)'라는 특별한 이름을 붙였단다. 오늘날 우리는 황금비를 나타내는 기호로 ϕ를 사용하는

데, 이것은 고대 그리스의 가장 위대한 조각가인 피디아스(Phidias)의 첫 글자 P에 해당하는 그리스의 알파벳이란다.

 사실 황금비의 역사는 그리스 이전보다도 더 거슬러 올라가야 해. 기원전 2000년경의 이집트 아메스(Ahmes)의 파피루스에서는 기원전 4700년에 기자(Gizeh)의 대 피라미드를 건설하는데

황금비를 '신성한 비율'로 사용했다고 전하고 있어. 오늘날의 측량 기술로 피라미드를 재어 보면 피라미드의 밑의 중심에서 밑의 모서리까지의 거리 그리고 경사면까지 거의 정확하게 1:1.618의 비율이 사용되었음을 알 수 있단다. 한 마디로 피라미드는 온통 황금비로 이루어져 있다고 할 수 있어.

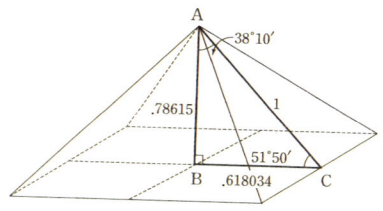

그 이외에 기원전 5세기경에 완성되었으며 1490년 로마에서 발견된 벨베데레의 아폴론상, 파르테논(Parthenon) 신전과 같은 그리스 건축물, 그리고 심지어 우리의 몸에서도 황금비를 찾을 수 있단다. 우리의 몸 전체에서 배꼽을 기준으로 상체와 하체의 길이의 비가 바로 황금비란다. 물론 다음 그림에서 보듯이 얼굴과 손에서도 황금비를 찾을 수 있어.

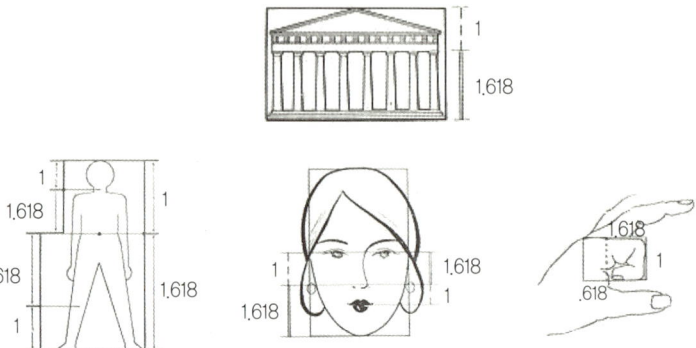

또 다른 예도 있어. 바로 너희들이 매일 보게 되는 시계란다. 탁상시계와 손목시계는 다음 그림에서와 같이 일반적으로 10시 10분 또는 8시 20분일,때 가로의 길이와 세로의 길이가 황금비를 만들지. 그래서 시계점이나 시계 광고 또는 시계를 배경으로 하는 광고에 나오는 시계의 대부분은 10시 10분으로 시간이 맞춰져 있단다.

시계가 10시 10분일 때, 시계 바늘을 포함하는 직사각형의 가로의 길이와 세로의 길이의 비가 황금비를 이룬다.

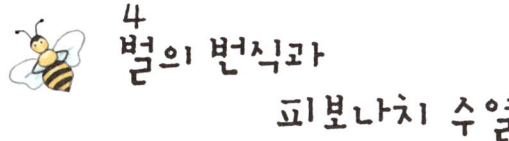
4 벌의 번식과 피보나치 수열

 피보나치 수열은 토끼의 번식 문제에서 처음 발견되었다고 했지? 그러나 자연에서 이 수열을 보여주는 가장 적당한 예는 벌의 번식이란다. 그게 뭐냐고? 잘 들어봐.

 벌은 여왕벌을 중심으로 한 사회야. 여왕벌은 알을 낳는데, 여왕벌이 낳는 수많은 알 중에서 수정이 된 것에서는 암벌(여왕벌)이 나오고, 수정이 되지 않은 것은 수벌(일벌)이 된다는구나. 실제로 여왕벌은 수벌로부터 받은 정자를 수개월 심지어는 수년간씩이나 몸속에 가지고 있다가 벌집의 규모나 벌 사회의 여건에 따라 새끼 벌의 성을 조절하여 암벌과 수벌의 수를 조절한대.

다음 그림은 벌의 번식을 나타낸 것이란다. 이 표에서 알 수 있듯이 오른쪽에 써 놓은 수가 벌의 총 수인데, 바로 이것이 피보나치 수열을 이루고 있어.

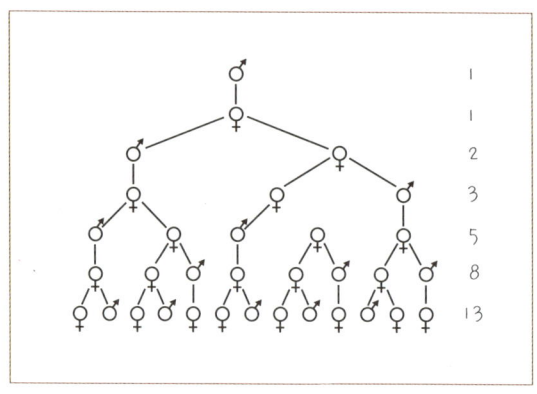

벌의 번식 과정 표

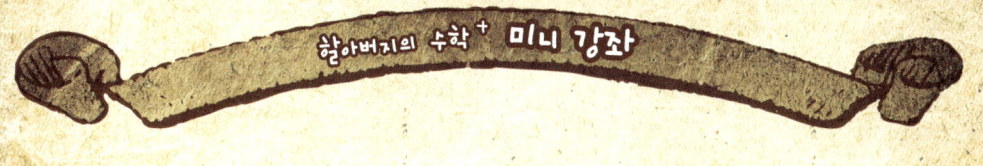

피보나치 수열 놀이

과학자들이 피보나치 수열에 대해 열심히 연구한 결과 이 수열이 무서운 암세포의 번식과 관련이 있다는 것을 알아냈단다. 그뿐만 아니라 각종 자연 현상이나 사회 현상에서도 적용된다는 것을 밝혀냈어. 피보나치 수열이라는 것이 이렇게 보면 상당히 어렵기만 하고 수준 높은 학문의 세계에서만 다루어지고 있는 것 같구나. 하지만 그렇지 않단다. 다음과 같은 재미있는 놀이도 바로 피보나치 수열을 응용한 거야. 한 번 볼까?

햇빛이 겹쳐놓은 두 장의 유리를 반사하지 않고 통과하는 방법은 다음 그림과 같이 한 가지이지.

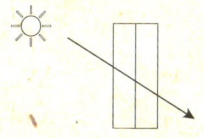

그리고 유리에 한 번 반사하는 경우는 다음 그림과 같이 두 가지란다.

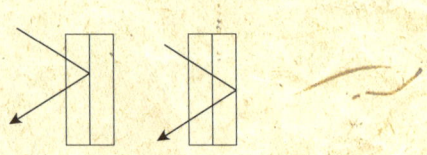

그럼 두 번 반사하는 경우는 몇 가지일까? 그래, 다음 그림과 같이 세 가지란다.

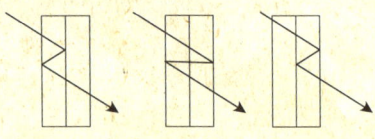

마찬가지로 세 번 반사되는 경우는 몇 번일까? 다시 그림에서 알 수 있듯이 모두 다섯 가지란다.

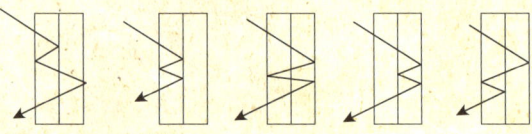

자, 이젠 반사되는 가짓수가 바로 피보나치 수열을 이루고 있다는 것을 알아차렸겠지? 그렇다면 네 번 반사되는 것은 모두 여덟 가지가 되겠구나. 그것을 모두 찾을 수 있겠니? 아래의 답을 가리고 혼자서 한 번 찾아보지 않을래?

네 번 반사되는 여덟 가지 경우들

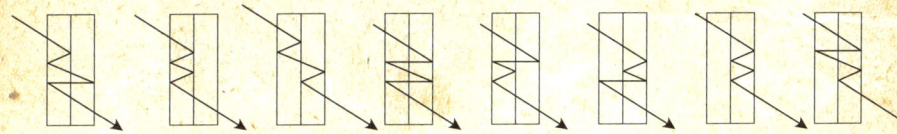

제7장

세상을 바꾼 여성 수학자

1 마녀 취급을 당한 히파티아

히파티아

흔히들 여성이 남성보다 수학을 싫어하고 못한다고 생각하지. 하지만 이것은 잘못된 생각이란다. 여성들이 원래 수학을 싫어하고 수학에 소질이 없는 것이 아니라 옛날부터 여성들이 수학을 배울 기회가 없었기 때문이야. 하지만 수학을 배울 수 없었던 옛날에도 뛰어난 여성 수학자들이 있었단다. 이제 그들이 어떻게 어려움을 극복하고 훌륭한 수학자가 되었는지 들려줄게.

고대 그리스의 수학은 세월이 흐르면서 사람들에게서 점점 잊혀 졌지. 수학자들도 새로운 수학을 만드는 것이 아니라 옛날에 이미 만들어져 있던 책에 대한 자세한 해설을 하는 정도가 되었어. 하지만 그 중에서도 몇몇 뛰어난 능력을 발휘한 수학자들이 있었단다. 알렉산드리아의 테온이라는 사람도 그런 수학자 중 하나였어. 하지만 그는 자신의 딸 히파티아 때문에 더욱 유명해졌지.

4세기 말에 살았던 테온은 프톨레마이오스의 『알마게스트』에 대한 열한 권으로 된 해설서를 쓴 사람이란다. 또한 그는 유클리드의 『원론』을 해설한 책도 썼는데, 오늘날 우리는 이 책으로부터 유클리드의 『원론』의 내용을 알 수 있었단다. 테온 자신이 뛰어난 수학자이기도 했지만 그의 하나밖에 없는 딸도 뛰어난 수학자였지. 그녀가 바로 수학사에 등장하는 최초의 여성 수학자란다. 테온의 딸 히파티아는 수학, 의학, 철학 분야 등에서 이름을 떨쳤는데 특히 지금도 유명한 수학책인 디오판토스의 『산학』과 아폴로니우스의 『원추곡선론』에 대한 해설서를 썼어.

뛰어난 여성 과학자 하면 사람들은 아마도 노벨 물리학상을 수

상한 퀴리 부인을 생각할거야. 그런데 오늘날까지 '가장 아름답고 가장 순결하며 가장 교양이 높은 여성'으로 전해져 내려오는 사람은 바로 이 히파티아란다. 그녀의 어머니나 형제에 대한 기록이 전혀 없기 때문에 테온의 무남독녀로 어려서 어머니를 잃은 것이라고 알려져 있어. 그녀에게 있어서 아버지 테온은 최고의 선생님이었지. 그녀는 너무나 아름답고 우아했으며 더욱이 뛰어난 학식

을 갖추고 있었기 때문에 많은 왕족이나 유명한 학자들이 청혼을 했지. 하지만 그녀는 이러한 청혼에 대하여 "나는 이미 진리와 결혼을 하였습니다."라며 거절했대. 결국 그녀는 평생 결혼을 하지 않고 혼자 살았다는구나.

그녀는 이십 대에 아테네로 유학을 갔다가, 삼십 대에 고향인 알렉산드리아로 돌아왔지. 알렉산드리아로 돌아온 그녀는 당시 최고의 학교라고 할 수 있는 '무제이온'이라는 교육기관의 교수로 초빙되어 그곳에서 강의를 했어. 학교 앞에는 그녀의 강의를 듣기 위하여 온 사람들의 마차가 매일같이 줄지어 있었고 강의실은 알렉산드리아의 상류계급과 부자들로 언제나 초만원을 이루었대. 히파티아는 높은 학식과 덕망으로 그녀의 제자들로부터 크게 존경을 받으면서 학문의 여신인 '뮤즈'

또는 '뮤즈의 딸'이라는 별명으로 불렀단다.

그런데 그런 그녀를 질투하는 사람들이 생겼지. 당시 알렉산드리아의 가톨릭 신도들은 히파티아의 자유분방한 생각과 행동이 성경의 가르침에서 벗어난다고 생각했어. 412년, 지나치게 신에 열광하는 키릴이라는 사람이 알렉산드리아의 대주교가 되면서 히파티아는 어려움에 처하게 된단다. 왜냐하면 키릴은 당시의 '이단 심판관'이었거든. 그래서 그의 결정에 따라 마녀라는 판결이 내릴 수도 있었단다. 좀 무서운 이야기지? 하지만 그때는 마녀로 몰려 억울하게 죽은 여성들이 많이 있었지.

어째든 키릴에게는 히파티아가 교육하고 연구하고 있는 '무제이온' 전체가 증오의 대상이었다는구나. 더욱이 그는 수학을 잘하는 여성을 '마녀'라고 생각했는데, 그녀에게 남성 추종자들이 유난히 많았던 것 때문에 더욱 더 그녀를 싫어하게 되었단다. 그래서 키릴은 몰래 나쁜 사람들을 시켜서 '무제이온'에 난입하여 귀중한 문화재들을 마구 파괴하고 교수들을 마구 학살하도록 했지. 이 와중에 키릴의 증오의 대상이었던 히파티아도 폭도의 손에 죽임을 당하고 말았단다. 정말 끔찍한 일이라고밖에 할 수 없어.

이 사건 이후 히파티아가 쓴 책과 그녀가 작성한 모든 연구 결과들이 사라졌단다. 그래서 히파티아는 역사에서 지워지고 생애의 대부분이 미스터리로 남게 되었지. 그녀가 죽은 뒤 알렉산드리아는 학문의 중심지로서의 위치를 점차 상실해 갔고, 결국 고대 과학의 대부분이 점점 사라지거나 계승되어 발전되지 못하는 상태가 되었단다.

오늘날 역사학자나 수학자들은 히파티아를 기억하기 위하여 그녀에 대해 열심히 연구하고 있어. 히파티아는 죽은 뒤 1500년이 지나고 나서야 다시 사람들의 사랑을 받게 된 거지. 비록 폭도들에게 죽임을 당했지만 히파티아는 뛰어났던 첫 번째 여성 수학자로 역사에 길이길이 남게 되었단다.

2 가우스가 인정한 소피 제르맹

소피 제르맹

1700년대 이전까지 거의 대부분의 학문 분야에서 여성은 자신의 능력을 인정받지 못했단다. 앞에서도 말했지만 여성에게는 배울 수 있는 기회조차 주어지지 않았지. 하지만 1700년대가 시작되면서 수학과 과학 분야에 심심찮게 여성이 등장하기 시작한단다. 하지만 이때도 여성은 환영받지 못했을 뿐만 아니라, 여성 과학자를 위한 기회는 사실상 존재하지 않았어. 그러나 인류 역사에는 언제나 온갖 어려움을 딛고 일어서는 훌륭한 인물이 있는 법이지. 소피 제르맹이 바로 그런 여성이란다.

소피 제르맹(Marie-Sophie Germain, 1776~1831)은 파리의 한 금세공업자의 딸로 태어났어. 매우 조숙했던 그녀는 십여 세 때부터 열심히 공부하기 시작했단다. 그녀가 열세 살 되던 어느 날 아버지의 서재에서 우연히 수학사를 읽던 중 아르키메데스에 관한 부분을 읽게 되었지. 그녀는 아르키메데스가 로마 병사에게 피살될 때의 일화를 읽고 수학이 아르키메데스에게 죽음에 대한 무서움마저도 잊게 할 수 있었다는 점에 감동을 받았어. 그래서 그녀는 자신도 수학을 공부하기로 결심했지.

하지만 그녀의 가족들은 그녀가 수학을 공부하는 것을 반대했단다. 그녀는 뜻을 굽히지 않았어. 집안사람들은 그녀가 수학을 공부할 수 없도록 여러 가지 수단을 썼단다. 그래서 그녀는 집안사람들이 모두 잠든 사이에 몰래 일어나 수학을 공부했지. 심지어 잉크가 얼어붙어서 쓰지 못할 정도로 추운 겨울에도 멈추지 않았다고 하는구나. 그러던 어느 날 연구에 지친 그녀가 책상에 엎드

려 날이 밝도록 깊은 잠에 빠졌다가 다음날 아침 아버지에게 들키고 말았지. 이 일이 있은 후 아버지는 그녀의 열성에 감탄하여 결국 수학 공부를 허락했단다.

그녀는 열심히 공부해서 대학에 입학하고 싶어 했어. 그러나 그 당시에는 여성은 대학에 입학할 수 없었단다. 할 수 없이 그녀는 수학 교수인 라그랑주의 강의 노트를 얻어 혼자 열심히 공부했어. 뿐만 아니라 이 강의 노트에 주석을 달고 잘 이해가 되지 않는 부분에 물어보고 싶은 말을 적어서 이 대학의 학생이었던 르 블랑의 이름을 빌어 직접 라그랑주에게 보내곤 했지.

너희들도 잘 알고 있겠지만 라그랑주는 매우 뛰어난 수학자란다. 라그랑주는 강의 노트에 지적된 내용과 주석이 매우 적절하고 훌륭했기 때문에 르 블랑이라는 학생을 만나보고 싶었지. 그러나 얼마 지나지 않아서 그것이 르 블랑이 한 것이 아니

라 제르맹이라는 여자가 한 것임을 알고 크게 놀랐단다. 라그랑주는 곧바로 그녀의 집을 방문하여 그녀를 격려해줬고 많은 수학자에게 그녀를 소개시켜 주었지.

그녀가 스물 다섯이 되던 1801년에는 수학의 황제로 일컬어지는 독일의 위대한 수학자 가우스가 『정수론 연구』라는 책을 출판했어. 그녀는 이 책을 읽으며 혼자 수학을 연구했단다. 그리고 다시 르 블랑이라는 이름으로 가우스에게 이것저것 질문하는 편지를 보냈지. 가우스도 역시 질문의 내용에 감탄하여 아주 친절하게

답장을 해 주었단다. 결국 그들은 편지를 주고받으며 서로 관심 있는 문제를 해결해 갔지.

 수학의 황제 가우스와의 편지 왕래로 제르맹은 '페르마의 마지막 정리'를 n이 100 이하인 경우는 모두 해결했단다. 그녀가 부분적으로 해결했던 '페르마의 대 정리' 또는 '페르마의 마지막 정리'는 1994년에 와서야 영국의 수학자 와일즈(Andrew Wiles)에 의해 완벽하게 증명되었어.

 가우스와 제르맹의 인연은 1806년 10월 나폴레옹이 프로이센을 공격할 즈음부터 본격적으로 시작되었단다. 당시 가우스는 프랑스군이 공격하고 있는 한 도시에 있었어. 제르맹은 프랑스군의 공격으로 아르키메데스가 죽은 것과 같은 상황이 가우스에게도 닥치지 않을까 걱정했지. 그래서 제르맹은 아버지 친구인 프랑스군 장군에게 편지를 보냈어. 그녀는 이 편지에서 뛰어난 수학자인 가우스를 안전하게 보호해 달라고 부탁했지. 그래서 그 장군은 한 장교를 가우스에게 보내 이 도시가 점령되더라도 가우스에게는 해를 끼치지 않도록 했으니 걱정하지 말라고 했지. 그러나 가우스는 자신이 왜 이런 특별한 배려를 받는지 알 수 없었어. 그래서 그 까닭을 물으니 제르맹의 부탁을 받은 장군이 그런 배려를 해 주겠다는 약속을 했다는 것과 제르맹은 이전에도 가우스와 여러 번 서신 왕래가 있었다고 알려 주었단다. 하지만 가우스는 그녀를 알지 못했지.

다음 해 봄, 가우스의 집에 제르맹의 편지가 배달되었어. 가우스는 지난날의 배려를 생각하며 편지를 읽기 시작했는데, 그 편지에서 제르맹은 그간의 사정과 자신이 르 블랑이라는 이름을 사용했다는 것을 알려 주었지. 결국 가우스는 평소 그가 경탄해 마지 않았던 파리의 수학자 르 블랑이 제르맹이라는 여자임을 알고 놀랐단다. 이 일로 제르맹은 가우스와 절친한 친구가 되었단다.

제르맹은 상당히 뛰어난 수학자였어. 제르맹이 사십 세가 될 무렵인 1816년에는 프랑스 과학원에서 낸 문제를 해결하여 상을 받았단다. 그 후 물리학과 수학에서 많은 업적을 남겨 당시 유명했던 뛰어난 학자들로부터 존경을 받았지.

그녀는 1831년에 죽었는데, 그녀가 죽은 후에 가우스는 그녀에게 명예박사 학위를 줄 것을 괴팅겐 대학에 건의했어. 대학은 그 건의를 받아들여 제르맹에게 명예박사 학위를 주었단다. 현재 프랑스 사람들은 파리에 제르맹의 이름이 붙은 거리인 '제르맹 거리'도 만들고 '제르맹 여자고등학교'도 세워서 그녀를 영원히 기억하려고 노력하고 있어. 우리도 우리 수학자들을 기억하고 그들의 노력을 본받을 수 있도록 노력해야겠지?

3
괴팅겐 대학의 에미 뇌더

인류 역사상 가장 뛰어난 여성 수학자는 누구일까? 아마도 그 답은 에미 뇌더(Amalie Emmy Noether, 1882~1935)일거야. 그녀는 독일의 에를랑겐에서 마르크스 뇌더의 첫째 딸로 태어났어. 아버지는 에를랑겐 대학교의 뛰어난 수학자였지.

에미 뇌더

뇌더의 어린 시절의 모습은 심한 근시에 용모도 그리 단정치 못한 말괄량이 소녀로 표현할 수 있단다. 1889년에서 1897년 사이에 에를랑겐 주립여자학교에 다녔는데, 이곳에서 그녀는 프랑스어나 영어 같은 어학 공부를 열심히 했어. 결국 1900년 십팔 세의 뇌더는 프랑스어와 영어의 교원 자격시험에 합격했고, 계속 공부하기 위하여 대학에 진학하고 싶었지. 그러나 당시 독일은 여성에게 대학 진학을 허락하고 있지 않았기 때문에 그녀는 하는 수 없이 1900년에 에를랑겐 대학의 청강생으로 입학했어.

그러다가 1903년 겨울에 괴팅겐 대학에 가서 뛰어난 수학자들인 민코우스키, 클라인, 힐베르트 등의 강의를 듣게 되었단다. 그 강의를 들은 후에 그녀는 바로 수학을 공부하기로 결심했지. 바로 이 무렵 독일에서 여성도 대학생이 될 수 있게 되었단다. 그래서 그녀는 1904년에 에를랑겐 대학에 입학했지. 당시 뇌더가 속해 있던 철학부 제2부의 학생 47명 중 여성은 그녀 단 한 사람뿐이었어.

그녀는 1907년에 이 대학에서 박사학위를 받았단다. 그 후 뇌더는 에를랑겐을 떠나 1915년에 클라인과 힐베르트의 초청을 받아 괴팅겐 대학으로 갔어. 1917년에는 「주어진 갈루아군을 가지는 대수방정식에 관하여」라는 논문을 발표하였는데, 이것이 그녀의 추상대수학으로의 첫 출발이라고 할 수 있지. 추상대수학이란 모든 수를 문자로 바꾸어 보다 일반적인 수학적 사실을 연구하는 것이란다. 즉, 실제 수를 이용하여 계산하는 것이 아니라 오직 상상력을 동원하여 생각만을 가지고 수학을 하는 어려운 분야지. 그 당시 힐베르트는 뇌더를 승진시키려고 하였지만 자격 조건이 구비되지 못하였다는 이유로 거절되었단다. 사실은 그녀가 여성이라는 이유 때문이었기에 힐베르트는 이렇게 말하며 대단히 화를 냈지.

"대학이 남자 목욕탕인가? 왜 여자라고 들어올 수 없는가?"

우여곡절 끝에 그녀는 1919년에 대학의 강사가 되는 자격 시험을 통과했지만 강사료를 받지 않는다는 조건이 붙었단다. 그 후 뇌더는 1922년 괴팅겐의 특별 교수가 되었지만 게르만 국가혁명의 상황에서 학술 활동이 금지되었지. 이 당시 게르만 국가혁명은 수많은 학자들의 학술 활동을 금지시켰어. 그래서 그녀는 독일을

떠나 미국의 펜실베이니아에 있는 브라이언 모어 대학의 교수직을 얻었고, 프린스턴 대학교의 고등 연구소의 연구원이 되었지. 그녀의 일생에 있어서 미국에 있던 기간이 가장 행복하고 풍요로운 시기였어. 하지만 그녀는 창조력이 최고조에 달한 1935년 쉰셋의 아까운 나이에 죽었단다.

오늘날 그녀의 이름은 수학의 많은 전문 용어에 남아있어. 뇌더 환(Noetherian ring), 뇌더 정역(Noetherian integral domain) 등이 그것이야. 너무 어렵지? 그럴 거야. 이것들은 모두 대학 과정 이상을 배운 수학 전공자들이 주로 다루는 분야에서 나오는 용어란다.

아인슈타인은 그녀의 장례식에서 그녀의 죽음을 애통해 하며 "여성에 대한 고등교육이 시작된 이래 가장 창조적이고 유능한 수학자이다."라고 칭송했다고 해. 아인슈타인도 아까워한 그녀가 얼마나 뛰어난 수학자였는지 짐작할 수 있겠지?

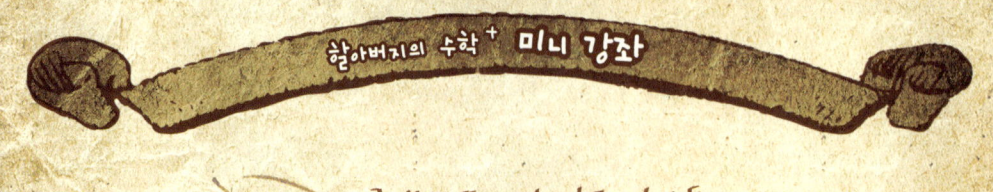

제르맹의 뛰어난 연구 성과들

제르맹은 초기에는 주로 정수만을 다루는 수학의 한 분야인 수론을 연구했단다. 그러다 독일의 물리학자인 클라드니가 연구하고 있던 분야에 관심을 가지게 되었지. 그것은 섬세한 분말을 탄성체 표면에 분사할 때 일어나는 표면의 진동에 대한 연구와 구부러진 가장자리를 튕김으로써 일어나는 파절선(정상파에서 진동이 없거나 극히 작은 부분)이 만들어내는 모양에 대한 연구 같은 것이었지. 여기서 탄성체(彈性體)란 '외부 힘에 의하여 변형을 일으킨 물체가 힘이 제거되었을 때 원래의 모양으로 되돌아가려는 성질인 탄성을 지닌 물체'를 말한단다. 그녀는 1816년에 이와 관련된 문제를 해결하여 프랑스 아카데미로부터 상을 받게 되었어.

아카데미에 제출한 이 결과 이외에도 제르맹은 탄성체 이론에 관해 여러 편의 논문을 발표했어. 그녀의 탄성체에 관한 논문 중 가장 중요한 것으로는 탄성체 표면의 성질, 탄성 및 확장에 관한 논문과, 탄성체 표면에 대한 문제의 해결에 적용되는 해석학 원리에 관한 논문, 그리고 탄성체 표면의 곡률에 관한 논문이란다. 제르맹의 마지막 논문은 그녀가 죽은 1831년이 되어서야 출판되 없는데, 이 논문에서 그녀는 어떤 곡선의 휘어진 정도에 관한 연구인 평균 곡률을 다루었어.

 탄성체 이론에 대한 연구의 중요성에도 불구하고 제르맹은 수론에 관한 연구로 가장 이름을 널리 알렸지. 특히 제르맹은 x, y, z가 홀수인 소수 n의 배수가 아니면 페르마의 마지막 정리를 푸는 것은 불가능하다는 것을 증명했어. 즉, 만일 n이 100보다 작은 홀수인 소수라면 방정식 $x^n+y^n=z^n$의 해는 n으로 나누어지지 않는 정수 중에는 없다는 것이란다.

 그녀는 화학, 물리학, 지리학, 역사학에 이르는 다양한 분야를 연구했어. 그리고 그녀는 이런 모든 분야에서 비범한 재능과 천재적인 분석력을 발휘했단다. 너희들 중 여성 수학자의 꿈을 꾸고 있는 누군가가 이제 곧 제르맹이나 뇌더 보다 더 뛰어난 업적으로 세상을 놀라게 하겠지?

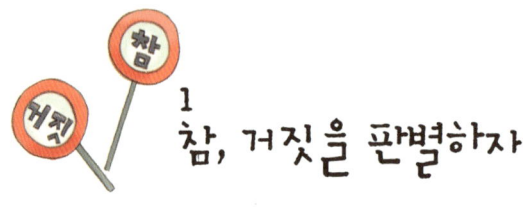

1 참, 거짓을 판별하자

너희들, 유클리드라는 수학자와 그가 쓴 유명한 수학책 『원론』에 대해서는 이미 잘 알고 있지?

수학의 역사에서 유클리드의 『원론』은 아주 중요한 책이란다. 전에 얘기했던 것처럼 이 책이 중요한 이유 중 하나는 바로 이 책에 수학을 연구하는 방법이 제시되어 있기 때문이야. 그리고 이 방법은 오늘날 우리가 수학을 공부하고 있는 방법의 시초라고 할 수 있지. 이제, 이 방법이 무엇인지 좀 더 자세히 설명해 줄게. 일단 그 전에 '명제'가 무엇인지부터 알아야 해.

무엇을 명제라고 할까? 다음 문장을 보자.

"1 더하기 1은 2다."

이것의 뜻은 너희들도 알다시피 '1+1=2'라는 것이지. 그리고 이것은 옳게 계산한 것이므로 이 문장은 항상 참이 돼.

그럼 다음 문장은 어떨까?

"달은 얼음으로 되어 있다."

이 문장은 참일까? 거짓일까?

달은 얼음으로 되어 있지 않기 때문에 이 문장은 옳지 않은 말이야. 따라서 이 문장은 거짓이라고 말할 수 있어.

이처럼 참, 거짓을 판별할 수 있는 문장이나 식을 명제라고 한단다. 그 명제가 참인 경우는 '참인 명제'라고 하고, 거짓인 명제를 '거짓인 명제'라고 하지.

그렇다면 다음 문장은 어떨까?

"날씨가 맑습니다."

오늘 날씨가 맑으면 이 말은 참이 될 수 있지만 내일 비가 오면 내일은 이 말이 거짓이 되겠지. 또 서울은 맑지만 부산에서는 비가 올 수도 있기 때문에 이 문장은 항상 참이거나 또는 항상 거짓이라고 할 수 없단다. 그래서 이것은 명제가 아니야.

그런데 주어진 명제가 참인 명제인지 아닌지를 판별하려면 누구나가 항상 참이라고 알고 있는 명제가 필요하단다. 왜냐하면 어떤 명제 A가 참인지 아닌지 판별하기 위해서는 이미 참임이 밝혀진 명제 B를 이용해야 하기 때문이지.

이를테면 '$2+3=5$'가 참인 명제라는 것을 알기 위해서는 "2보다 3만큼 큰 수는 5다."라는 명제가 참임을 알아야 해. 그런데 "2보다 3만큼 큰 수는 5다."가 참임을 알기 위해서는 "1보다 큰 수는 2다.", "2보다 1이 큰 수는 3이다.", "3보다 1이 큰 수는 4다." "4보다 1이 큰 수는 5다." 등이 참임을 알아야 하지. 수의 크기의 순서가 어떻게 되어 있는지 알아야 하기 때문이란다.

하지만 이와 같은 식으로 무수히 계속할 수는 없겠지? 그래서 처음에 참임을 확실하게 알 수 있는 몇 개의 명제가 필요하게 된단다. 이와 같이 최초에 참임을 알고 있는 명제를 공리(公理, axiom) 또는 공준(公準, postulate)이라고 해. 그리고 다른 모든 명제들은 바로 이 공리 또는 공준을 사용하여 만들어진 것이야. 말하자면 공리나 공준은 수학의 씨앗이라고 할 수 있지.

2
유클리드의 공리

 공준 또는 공리로부터 원하는 명제의 참 또는 거짓을 판별할 수 있도록 논리적으로 전개해가며 생각하는 방법을 '공준적 사고'라고 한단다. 그리고 이런 방법을 알면 수학을 더욱 잘 공부할 수 있지.

 그런데 공준과 공리는 무슨 차이를 가지고 있는 것일까? 여러 가지 차이가 있지만 대강은 이렇단다. 우선 공리는 모든 학문 분야에서 공통적으로 참이라고 알고 있는 것이고, 공준은 특별한 학문에서 참이라고 알고 있는 것이란다. 이를테면 공리는 우리가 학교에서 배우는 모든 과목에 공통적으로 적용되는 참인 명제이고, 공준은 특히 수학에서만 참인 명제라고 할 수 있지. 하지만 오늘날에는 이 두 가지를 같은 뜻으로 사용하고 있어. 좀 어려운가?

오늘날의 수학은 유클리드가 제시한 다섯 개의 공리와 다섯 개의 공준으로부터 시작하여 매우 복잡한 체계를 이루며 수많은 분야로 세분화된 결과로 만들어진 것이란다.

이제 유클리드가 주장한 5개의 공리와 5개의 공준이 무엇인지 알아보자. 먼저 공리부터 알아볼까?

❶ 같은 것과 같은 것들은 모두 서로 같다.
(a=b, b=c이면 a=c)

❷ 같은 것에 어떤 것을 더하면 그 전체는 같다.
(a=b일 때 a+c=b+c)

❸ 같은 것에서 어떤 같은 것을 빼면 서로 같다.
(a=b일 때 a−c=b−c)

❹ 서로 일치하는 것들은 서로 같다.
(합동인 두 삼각형이 서로 완전히 포개진다는 것과 같은 뜻이다.)

❺ 전체는 그 부분보다 크다.

 이 다섯 개의 공리는 어느 분야에서도 참이라고 할 수 있는 것들이란다.

3 유클리드의 공준과 유클리드 기하학

다음은 유클리드가 주장한 수학에서의 다섯 개의 공준을 얘기해줄게. 모두 쉬운 내용들이기 때문에 너희들도 연필과 자를 가지고 한 번씩 해보면 좋겠구나.

❶ 임의의 두 점을 연결하여 하나의 직선을 그릴 수 있다.

❷ 선분을 양쪽 방향으로 무한히 연장할 수 있다.

❸ 한 점을 중심으로 임의의 점을 지나는 원을 그릴 수 있다.

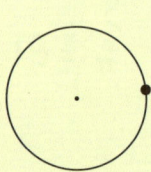

❹ 모든 직각은 서로 같다.

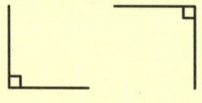

❺ 한 직선이 두 직선과 만날 때 어느 한 쪽에 있는 내각의 합이 두 직각보다 작으면 이 두 직선이 무한히 연장될 때 한 점에서 만난다.

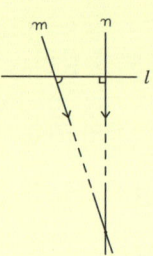

유클리드는 이 다섯 개의 공준을 사용하여 여러 가지 참인 명제들을 이끌어냈고, 이를 통해 수학을 설명했지. 이를테면 삼각형의

내각의 합은 180°라든가, 평행선은 만나지 않는다는 것과 같은 사실들이 모두 유클리드가 정한 공준을 바탕으로 만들어진 것이란다.

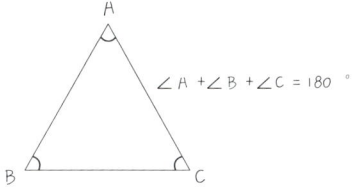

그래서 이런 기하학을 통틀어 유클리드 기하학이라고 해. 너희들이 초등학교에서 배우는 평면도형과 입체도형 등은 모두 바로

유클리드가 정했던 다섯 개의 공준에서 비롯되었단다. 그러니까 너희들이 학교에서 배운 것들을 모두 유클리드 기하학에 해당되는 것이지.

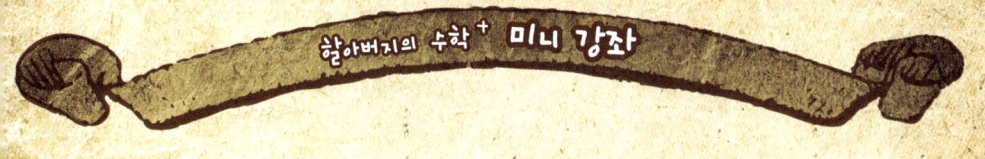

비유클리드 기하학 맛보기

유클리드 기하학이 아닌 기하학도 있을까?

유클리드의 다섯 번째 공준을 '평행선 공준'이라고 하지. 여러 수학자들이 연구한 결과 이 공준은 "한 직선과 직선 위에 있지 않은 점 P에 대하여 점 P를 지나며 주어진 직선에 평행한 직선을 하나 그릴 수 있다."와 같다는 것을 알아냈어. 너희들도 학교에서 평행선에 관한 위와 같은 내용을 배웠을 거야.

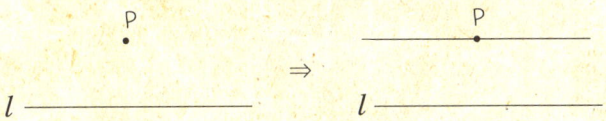

그런데 점차 수학이 발전하면서 수학자들은 유클리드의 평행선 공준이 참인 명제인지 의심하기 시작했어.

우리도 한번 생각해 볼까?

우선 넓게 생각해보자. 만약 우리가 커다란 지구 위에서 삼각형을 그리면 어떤 모양일까?

다음 그림과 같이 적당한 길이의 적도를 밑변으로 하고 적도에 수직인 두 개의 수직선을 이으면 북극점에서 수직으로 만나게 그릴 수 있지. 이때 생기는 삼각형 ABC의 세 내각의 크기의 합은 180°보다 큰 270°가 된단다. 실제로 우리는 지구 위에 이런 삼각형을 만들 수 있는데, 이건 유클리드가 주장한 삼각형의 내각의 크기를 합하면 180°가 된다는 사실에 어긋나지.

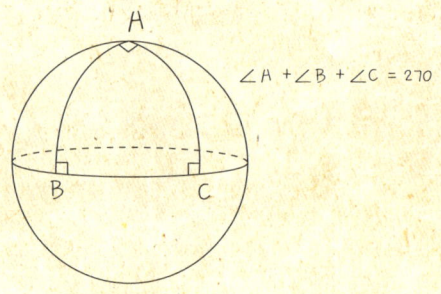

또 적도에서 수직인 두 선을 평행하게 그리면 두 직선은 결국 북극점과 남극점에서 만난단다. 옆으로 두 직선을 그으면 만나지는 않지만 두 선의 길이가 다르게 되지. 그래서 한 직선과 직선 위에 있지 않은 점을 지나며 주어진 직선에 평행한 직선을 그릴 수 없단다. 즉, 평행선을 그릴 수 없게 되지.

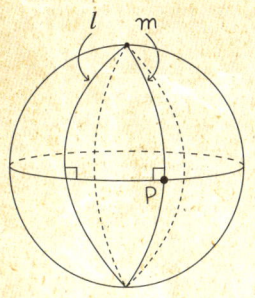 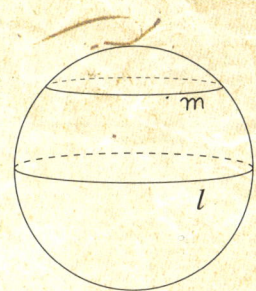

주어진 직선 l과 l 위에 있지 않은 점 P를 지나며 주어진 직선 l에 평행하게 그은 직선 m은 두 점에서 만나게 된다.

이번에는 그림자놀이를 해 볼까?

직사각형 모양에 빛을 비추어 그림자를 만들어 볼까? 이때 빛의 각도를 적당히 조절하여 그림과 같은 모양의 그림자가 만들어진다고 생각해 보자. 이때 직사각형에서는 마주보는 두 변이 평행하였는데, 그림자에서는 평행선이 없어졌지. 결국 평행이었던 두 직선이 평행이 되지 않아. 이와 같은 경우를 그림자기하학이라는 뜻으로 '사영기하학'이라고 한단다.

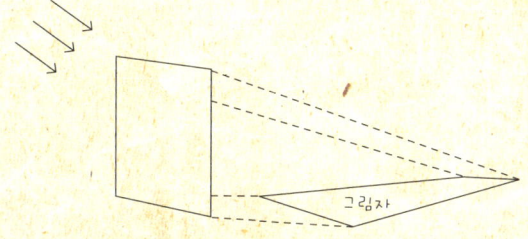

앞에서 예를 든 것들은 모두 유클리드가 제시한 공준이 성립하지 않는 예란 다. 물론 여기서 말한 것 말고 또 다른 것도 있지. 어쨌든 이와 같이 유클리드의 평행선 공준이 성립하지 않는 모든 기하학을 비(非)유클리드 기하학이라고 해. 실생활에서는 유클리드 기하학보다 비유클리드 기하학을 만족하는 것이 더 많다고 하니 정말 신기하지 않니?

제9장

현대수학의 동반자
카오스와 프랙탈 그리고 퍼지

1 수학은 어떤 쓸모가 있을까?

우리는 태어나기 전부터 수학과 함께 살아가고 있다고 해도 틀린 말이 아니란다. 너희가 세상에 나오기 전 엄마의 배 속에 있는 동안, 엄마와 아빠는 너희가 얼마만큼 컸는지, 건강한지, 또 이상이 있는 곳은 없는지를 숫자로 나타내 확인한단다. 그리고 너희가 태어나면 바로 몇 년, 몇 월, 몇 일, 몇 시에 태어났다는 것을 수로 표시하지. 또 무럭무럭 자라는 너희들의 키와 몸무게와 시력, 학년 등등 많은 것을 수로 나타낸단다.

하지만 중학교와 고등학교를 거치는 동안 수학을 공부하면서

우리는 수학에 대한 회의를 갖게 되지. 이렇게 어려운 수학을 도대체 어디에 사용할까? 가까운 문방구에서 학용품이나 준비물을 살 때는 덧셈과 뺄셈 정도만 알고 있으면 되는데. 진짜로 이 어려운 것을 어디에 쓴다는 거지? 바로 지금 너희들이 하고 있는 생각이라고? 그렇다면 다음 이야기는 그런 의문에 대한 답이 되겠구나.

컴퓨터를 사용하는 것과 같이 수학을 다른 분야에 대한 연구를 돕는 하나의 도구라고 생각한다면 그 이용가치는 아주 엄청나단다. 하지만 순수하게 수학만을 위하여 연구한다면 이런 생각은 바뀌게 되겠지. 과연 방정식을 풀고, 두 직선이 평행인지 아닌지 알고, 삼각형의 내각의 크기의 합이 180°인 것을 알며, 평면도형의 넓이나 입체도형의 부피를 구할 줄 아는 것이 일상생활의 어디에서 필요할까? 수학만을 연구하는 순수 수학은 정말 의미가 없을까? 물론 대답은 "그렇지 않다."란다.

수학에는 "방정식을 어떻게 풀 것인가?"를 연구하는 '대수학'이라는 분야가 있어. 이 대수학에는 '군(群)'이라는 이론이 있단다. 이 이론은 원래 5차 방정식의 근의 공식이 없다는 것을 설명하기 위해 갈루아(Evariste Galois, 1811~1832)라는 수학자가 만들어낸 것이지. 그런데 나중에 알고 보니 자연계에 있는 대칭적인 여러 가지 것들을 모두 군을 이용해서 표현할 수 있다는 것을 알게 되었단다. 결국 오늘날 군론은 수학뿐만 아니라 과학과 사회 현상을 설명하는 중요한 도구가 되었지.

너희들도 군을 집에서 쉽게 볼 수 있어. 어디에서 볼 수 있냐고? 가장 빨리는 너희들 방의 벽지야. 벽지를 보면 같은 무늬가 대칭을 이루며 계속 이어져 있는 것을 알거야. 그것을 디자인하는 이론이 바로 군론이란다.

옛날의 많은 수학자들은 자기가 연구하는 것이 "과연 현실에 무슨 소용이 되는가?"라는 질문에 바로 대답을 못했고 그냥 "언젠가는 누군가에 의하여 쓰이겠지."라는 식으로 생각했단다. 그러나 현대에 와서는 이렇게 생각하는 수학자는 많지 않아. 요즘은 순수 수학도 중요하지만 응용 수학이 상당히 발달하고 있고, 앞으로도 그럴 것이란다. 그러한 변화의 계기가 되었던 것은 1980년대 이후 폭발적으로 발전한 '카오스(Chaos)'와 '프랙탈(Fractal)' 그리고 '퍼지(Fuzzy)' 이론이야. 이 세 가지 이론은 현대 과학 문명을 발전시키는 데 혁혁한 공을 세운, 말 그대로 현대 수학의 대표 주자라고 할 수 있는 것들이지. 자, 이제 이 이론들에 대해 간단히 소개하도록 할게.

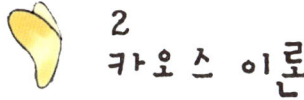
2
카오스 이론

먼저 카오스에 대해서 알아보자.

요즘 수학의 영역은 어디까지 뻗어나갈 것인지 예측하기 힘들 정도로 넓어지고 다양해지고 있단다. 수와 식, 도형처럼 학교에서 배우는 순수 수학 이외에도 사람들의 정신이나 심리를 분석하거나 의학을 연구하는데 필요한 생물 수학과 같은 분야까지 생겨났지. 그런 수학 중에는 수학이 아닌 것 같은데 수학인 것이 있지. 바로 카오스가 그것이야.

카오스라는 말은 원래 고대 그리스의 말에서 비롯된 것이란다.

사실 카오스의 원래 발음은 '케이아스'야. 대개 카오스는 질서를 나타내는 코스모스(Cosmos)와는 반대되는 의미로 '혼돈' 또는 '무질서'를 뜻해. 또 그리스 신화나 구약성서 등에서 카오스는 '우주의 질서가 세워지기 이전의 무형(無形)의 공허'라는 뜻으로 사용되었단다.

그렇다면 수학에 있어서 카오스란 무엇일까? 물론 "카오스는 이것이다."라고 정확하게 설명하기는 약간 힘들어. 옛날의 카오스는 "우주의 질서가 창조되었다."에서의 질서와 반대되는 뜻을 가진 무질서라고 했었지만 '결정론적 카오스(Deterministic Chaos)'라 불리는 오늘날의 카오스는 단순한 혼돈이나 무질서가 아닌 '거대한 창조성'을 뜻한단다. 오늘날의 카오스를 정의하면 다음과 같아.

카오스란 어떤 체계가 확고한 규칙(결정론적 법칙)에 따라 변화하고 있음에도 불구하고, 매우 복잡하고 불안정한 행동을 보여서 먼 미래의 상태를 전혀 예측할 수 없는 현상이다.

사실 이 정의도 카오스가 정확하게 무엇을 말하고 있는지를 충분히 설명하지는 못하고 있어. 실제로, 세상의 거의 모든 일들은 규칙적인 것 같아 보이지만 그 이면에서는 끊임없이 불규칙적인 일들이 일어나고 있지. 지금까지의 상황으로는 미래에 어떤 일이 벌어질지 모른다는 게 바로 카오스란다. 카오스는 이런 예측하지 못한 예외적인 상황을 설명하고자 하는 것이기 때문에, 항상 똑같은 규칙성을 말하는 수학과는 다른 느낌을 주지. 그래서 수학이 아닌 것 같다고 생각하기 쉬워. 하지만 불규칙적이고 예외적인 상황을 설명하는 일반적인 논리라고 표현할 수 있는 카오스 이론은 분명 수학의 한 분야란다. 그리고 알면 알수록 재밌어지는 분야이기도 해.

만약 이 세상의 모든 일이 규칙적이라면 세상을 살아가는 것이 별로 흥미롭지 못할 거야. 왜냐고? 오늘은 무슨 일이 있을지 또 내일은 어떤 일이 벌어질지 모두 알고 있다면 기대나 희망은 없어질 테니까. 그리고 아무런 노력도 필요 없게 되겠지. 그러니 하루하루가 무슨 재미가 있겠니?

태풍

카오스 이론 중에는 기상학자 로렌츠(Edward Lorentz)가 이름 붙인 소위 '나비 효과(Butterfly Effect)'라는 것이 있단다. 나비 효과는 "우리나라에서 한 마리의 나비가 날갯짓을 하여 일으키는 미세한 공기의 흐름이 태평양을 건너 미국 대륙을 휩쓸어 버릴 정도의 태풍을 만들 수도 있다."라는 것이지.

만일 이것이 사실이라면 얼마나 무서운 일이겠니. 나비의 작은 날갯짓이 태풍이 될 수도 있다면 이젠 숨 쉬는 것도 조심하며 살아야 할지도 몰라.

어쨌든 나비 효과라는 것은 실제로 일어날 수 있단다. 이를테면 지구상에서 일어나는 기후의 변화는 거의 카오스적이란다. 특히 나비 효과가 많이 작용하지. 작은 구름이 점점 커져서 실제로 나중에는 태풍이 되는 경우가 종종 있으니까 말이야.

우리와 더 가까운 실생활에서도 나비 효과를 찾을 수 있지. 그것은 바로 교통 체증이란다. 주말에 나들이 갈 때 차들이 밀려 꼼

짝도 못하는 경우가 많이 있지? 자동차들이 고속도로를 시속 100km의 같은 속도로 달리고 있을 때, 한 대의 자동차가 무심코 브레이크를 살짝 밟았다 놓으면 그 지점에서부터 약 30km 뒤에 있던 차들은 완전히 서게 된다는구나. 이것이 실생활에서 일어나는 나비 효과란다. 이제 고속도로를 잘 달리던 차들이 아무 이유 없이 막히는 이유를 알겠니? 차가 막히는 것까지 수학으로 설명할 수 있다니 정말 놀랍지 않니?

3 프랙탈 이론

 프랙탈은 사실 순수한 수학 분야라고 할 수는 없단다. 수학을 이용하여 바로 자연 현상을 설명하려는 노력에서 프랙탈이 탄생했기 때문이지. 프랙탈 이론을 처음으로 만든 사람은 컴퓨터 프로그램을 만드는 회사 IBM의 연구원이었던 만델브로(Benoît B. Mandelbrot, 1924~)야. 사실 이 분야가 처음부터 놀랄만한 발전을 한 것은 아니었어.

 프랙탈의 발전은 컴퓨터의 발전과 더불어 시작되었지. 성능이 급격히 좋아지기 시작한 컴퓨터는 많은 양의 데이터를 쉽게 처리

할 수 있게 되어 수학의 발전을 도왔어. 그렇게 해서 발전한 수학은 다시 컴퓨터의 발전을 도왔단다. 지금 이 순간에도 두 분야는 서로 도와가며 발전하고 있지.

자, 이제 프랙탈이 무엇인지 간단하게 알아보자. 우선 예를 하나 들어 볼까?

우리나라의 서해안은 그 해안선의 모양이 들쭉날쭉하기로 이름이 나있단다. 이렇게 들쭉날쭉한 해안선을 '리아스식 해안'이라고 해. 이제 너희들이 우리나라의 해안선을 따라 걸어서 여행을 한다고 해보자. 여기서 '해안선을 따라'라는 뜻은 말 그대로 물과 땅이 접하는 곳을 따라서 걷는다는 것이야. 예를 들어 직선 거리로 30km인 두 지점 A와 B를 시속 5km로 쉬지 않고 걷는다고 생각해 보렴. 아침 8시에 A 지점에서 걷기 시작하면 과연 몇 시에 B 지점에 도착할 수 있을까? 그 답은 "무한대의 시간이 걸린다."란다. 얼핏 이해가 가지 않지? 하지만 들쭉날쭉한 부분을 모두 통과하기 위해서는 아주 많은 시간이 필요하게 된다는 것은 이해할 수 있겠지? 이 이야기가 끝날 때에는 좀 더 정확하게 이해하게 될 거야.

그럼 다음 그림을 볼까?

이 그림은 1906년에 스웨덴의 수학자 판 코흐(Helge von Koch, 1870~1924)가 생각해 낸 것으로 유한한 영역을 둘러싸는 무한대의 길이를 갖는 선을 그린 것이란다.

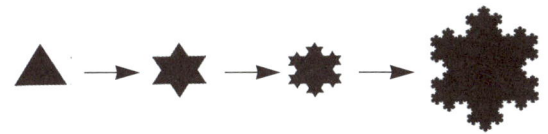

이것을 눈의 결정체와 닮았다고 하여 '설편곡선' 혹은 코흐의 이름을 붙여서 '코흐 눈송이', '코흐 곡선'이라고 부르지. 이 곡선은 잘 알려진 프랙탈 중 한 가지란다. 이제 프랙탈이 어떤 것인지 대충 짐작이 가니? 보다 정확하게 프랙탈을 정의해 볼까?

프랙탈이란 아무리 확대해도 들쭉날쭉한 것이 계속되는 도형이다.

이것은 1970년대 후반에 만델브로가 정의한 것이란다. 정의에서 알 수 있듯이 프랙탈 도형은 1차원의 곡선은 아니야. 1차원 곡선이 아니라는 얘기는 우리가 보통 사용하는 자를 이용해서는 그 길이를 도저히 측정할 수 없다는 뜻이지.

그렇다면 2차원일까? 수학에서 2차원은 평면을 나타낸단다. 그러나 이 곡선은 평면은 아니니까 2차원보다는 낮은 차원이겠지. 그래서 만델브로는 1차원과 2차원의 중간 차원이라는 새로운 차원의 개념을 도입했지. 이것이 소위 '프랙탈 차원'이란다.

현재 프랙탈에 관심이 집중되고 있는 이유는 수학이지만 비수학적인 특성을 가지고 있다는 것과 프랙탈의 실제 예가 자연계의 도처에 존재한다는 점 때문이야. 예를 들어 우리 몸의 폐, 대뇌, 내장의 벽 등이 모두 프랙탈이고, 식물의 가지, 잎 등도 모두 프랙탈이란다.

다음 사진을 볼까? 이것은 고사리란다. 어때?

　가장 커다란 고사리 잎에서 옆으로 가지처럼 뻗은 잎이 붙어있지? 그런데 그 잎들은 원래 큰 잎과 모양이 같단다. 이번에는 중간에 가지처럼 뻗어 있는 잎에서 다시 옆으로 뻗은 작은 잎을 보렴. 이것들도 원래 처음 모양과 같이 생겼지? 이처럼 고사리도 같은 모양이 계속 반복적으로 나타나는 프랙탈이란다.

　프랙탈에 대해서는 아직까지도 해결하지 못한 문제들이 너무 많단다. 수학과 프랙탈 사이의 여러 가지 관계라든지 자연에서 볼 수 있는 여러 가지 현상들을 어떻게 프랙탈을 사용하여 나타낼 수 있는지 등은 지금도 계속 연구되고 있는 주제지. 어쨌든 앞에서 이야기 했던 카오스와 함께 프랙탈은 전혀 새로운 생각을 도입하여 수학에 새로운 진로를 열어주고 있단다. 다음 그림은 프랙탈을 이용하여 그린 것이란다. 어때, 멋진 예술작품 같지?

너희들도 프랙탈을 이용한 그림이나 디자인을 구상해 보면 어떨까? 너희들이 직접 디자인한 그림으로 벽지를 만드는 거야. 재미있을 것 같지 않니?

4
퍼지 이론

 어떤 결정을 해야 할 때, 어떻게 결정을 내려야 할지 고민할 때가 많이 있지? 이렇게 결정을 내린다고 하면 어려운 것만을 생각하기 쉽지만 우리는 매일매일 결정을 한단다. 예를 들어 샤워를 할 때 물의 온도를 조절하는 것에서도 결정은 이루어지고 있어. 물이 너무 뜨겁다거나 혹은 너무 차갑다는 느낌에 따라 물의 온도를 적당하게 조절하여 샤워를 하잖아. 그러니까 온도를 조절해야겠다는 결정을 한거지.

 그렇다면 뜨겁다 혹은 차갑다고 느끼는 온도는 어떻게 될까?

또 그렇게 느끼는 기준은 무엇일까? 그리고 사람이 느끼는 이런 기준을 기계에 이용하면 어떻게 될까?

예를 들어 보자. 냉장고나 에어컨은 일정한 온도에 맞춰 놓으면 자동으로 작동을 했다가 하지 않았다가 하지. 그 이유는 미리 정해진 기준이 있기 때문이란다. 기계들은 정해진 기준에 맞지 않으면 작동하고 기준에 맞춰지면 작동을 멈춘단다. 흔히 이런 기계들을 인공지능 또는 퍼지라는 말을 붙여서 부르고 있어. 인공지능과 퍼지는 약간 다르지만, 이들은 모두 무질서 속에서 정해진 질서를 찾아가는 것이기 때문에 무질서를 다루는 분야와 관련이 있단다. 이미 앞에서 무질서를 다루는 분야를 카오스라고 한다고 말했었지? 바로 카오스로부터 퍼지라는 이론이 나왔단다. 퍼지 이론은 인간의 지능과 같은 능력을 기계에게도 심어주기 위한 방법을 다루고 있어.

퍼지 이론은 미리 특별한 기준을 만들어 그 값 이상 또는 이하가 되는 각각의 경우에 실행해야 할 것을 정해주면 기계가 알아서 작동할 수 있게 만들어 주는 것이란다. 이를테면 0이냐 1이냐를 결정하는 기준을 0.6이라는 소수로 잡았다고 해 보자. 어떤 값이

0.6보다 작으면 0인 경우와 같이 실행되고, 0.6 이상이면 1인 경우와 같이 실행되는 거야.

오늘날 퍼지 이론은 여러 분야에 응용되고 있단다. 이를 테면

인공지능 세탁기는 빨랫감이 더러운 정도에 따라 물과 세제의 양 그리고 빨래를 하는 세기가 달라지지. 또 인공지능 밥솥은 쌀의 종류와 잡곡이 있는지 없는지에 따라 밥을 짓는 시간과 온도가 달라져. 퍼지 이론은 냉장고, 선풍기 등과 같은 간단한 것에서부터 병을 진단하거나 회사에서 중요한 의견을 결정하는 데까지 광범위하게 이용되고 있어. 앞으로는 인공지능을 가진 로봇도 등장하겠지. 물론 이때 이용되는 것도 퍼지 이론이란다.

이처럼 수학으로부터 탄생한 카오스, 프랙탈, 퍼지와 같은 이론들은 다양하게 실생활에 이용됨으로써 자연을 더욱 잘 이해하도록 돕는 한편 인간의 삶을 발전시키는 데 큰 역할을 하고 있단다. 여기까지 이야기를 들었다면 수학은 어디에 쓸모가 있을까라는 질문에 대한 답은 당연히 알겠지? 그렇다면 다른 질문을 하나 더 할게. 이젠 또 어떤 이론이 등장해서 우리의 생활을 편리하게 만들어 줄까? 궁금하다면 수학을 공부해 보렴. 몇 년 뒤에는 바로 너희들이 그러한 이론을 만들어 내고 있을지도 모르잖니!

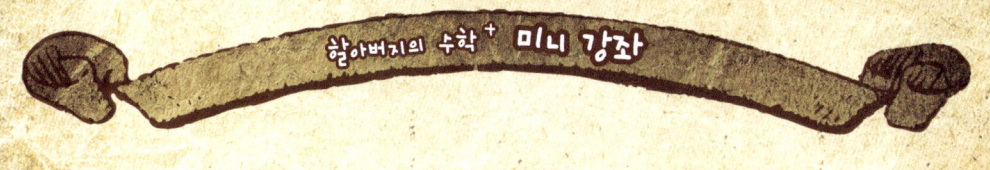

윷놀이와 확률

우리나라의 전통 놀이 중에서 아주 수학적인 놀이로 윷놀이가 있단다. 윷의 기원에 대해 성호 이익은 고려에서부터 비롯되었다고 했고, 육당 최남선은 신라 시대 이전이라 했으며, 단재 신채호는 부여의 제가(諸加)인 마가(馬加:말), 우가(牛加:소), 저가(猪加:돼지), 구가(狗加:개)에서 유래되었다고 했어. 양을 가리키는 걸에 대한 유래는 밝혀지지 않았지만 고조선의 정치제도였던 5가(五加: 마가, 우가, 양가, 구가, 저가)를 보면 양이 포함되어 있는데 한자에서는 숫양을 걸이라고 하고, 큰 양을 갈(羯)이라고 하니까, 여기에서 걸이 나온 것으로 추측하고 있단다. 이렇게 하면 돼지, 개, 양, 소, 말이 대략 크기 순서이고, 윷을 던져 각각이 나왔을 때 움직이는 거리는 이들 동물의 크기와 속도를 고려한 것이 되지. 이를테면 돼지를 뜻하는 도는 한 칸을 가지만 말을 뜻하는 모는 다섯 칸을 간단다.

윷놀이

이제 윷놀이에서 도, 개, 걸, 윷, 모의 다섯 가지가 나오는 확률을 생각해볼까.
우선 확률이 무엇인지부터 간단히 알아보자.
예를 들어 윷을 던질 때 걸이 나오는 경우를 확률로 나타내는 방법을 알기 위해 윷을 열 번 던질 때와 백 번 던질 때 걸이 나오는 횟수를 생각해 보자. 만약 열 번 던졌을 때 걸이 네 번 나왔다고 한다면, 걸이 나온 비율은 $\frac{(걸이\ 나온\ 횟수)}{던진\ 총\ 횟수} = \frac{4}{10} = 0.4$란다.
백 번 던질 때 서른다섯 번이 나왔다고 하면 $\frac{(걸이\ 나온\ 횟수)}{던진\ 총\ 횟수} = \frac{35}{100} = 0.35$가 되겠지. 두 경우의 비율 0.4와 0.35는 어느 정도 비슷한 숫자지. 이제 윷을 던지는 횟수를 더 많이 할 때 걸이 나오는 비율은 얼마가 될까?
이와 같이 같은 조건 아래서 많은 횟수를 시행할 때, 어떤 사건 A가 일어나는 비율이 일정한 값에 가까워지는데, 이 일정한 값을 사건 A가 일어날 확률이라고 한단다.
이제 윷에서의 확률을 알아보자.
윷가락은 원기둥을 반으로 잘라놓은 모양을 하고 있으므로 편의상 반지름의 길이는 1이고 높이는 a라고 하면 윷가락 하나의 겉넓이에서 평면의 넓이는, 직사각형의 세로의 길이는 2, 가로의 길이는 a니까 $2a$겠지.
곡면의 넓이를 구하기 위해서는 먼저 곡면을 폈을 때의 세로의 길이를 알아야 해. 그런데 이 경우 세로의 길이는 반지름의 길이가 1인 반원의 둘레의 길이와 같으므로 세로의 길이는 π야. 따라서 곡면은 세로의 길이가 π이고 가로의 길이가 a이므로 넓이는 πa란다.

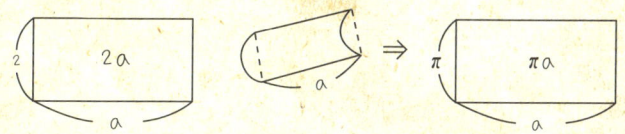

윷가락에서 평평한 면의 넓이는 2a, 곡면의 넓이는 πa다.

π=3.141592……인데 이렇게 끝이 나지 않는 수를 이용해서 넓이를 계산하기 쉽지 않기 때문에 여기서는 간단히 π=3이라고 하면 곡면의 넓이는 3a이고, 윷가락 하나의 전체 겉넓이는 2a + 3a = 5a가 된단다. 그리고 윷을 던졌을 때 윷가락의 평면이 위로 향하게 나오는 경우는 윷가락의 곡면이 바닥에 붙을 경우이고, 곡면이 나오는 경우는 평면이 바닥에 붙을 경우지. 따라서 평면이 위로 향하게 나오는 경우의 확률은 전체 넓이 중에서 곡면이 바닥에 놓일 경우이므로 $\frac{3}{5}$ = 0.6이고, 곡면이 위로 향하게 나오는 경우는 전체 넓이 중에서 평면이 바닥에 놓일 경우이므로 $\frac{2}{5}$ = 0.4란다. 이 확률을 이용하면 윷놀이에서 도, 개, 걸, 윷, 모가 나오는 확률을 구할 수 있어. 그런데 이 확률은 윷가락

한 개의 경우를 생각한 것이므로 윷놀이에서 사용되는 네 개의 경우 모두를 생각해야 해. 이와 같은 경우의 수를 생각하여 각각의 경우 확률을 구해보면,

먼저 도가 나오는 경우는 한 개의 윷가락의 평면이 위로 향하고 나머지는 곡면이 위로 향하는 경우이므로 네 개의 윷가락에서 한 개를 선택하는 것과 같단다. 즉 $\binom{4}{1}$ = 네 가지이므로 도가 나올 확률은 다음과 같아.

도가 나올 확률 : 0.4 × 0.4 × 0.4 × 0.6 = 0.1536

다음으로 개가 나오는 경우는 네 개의 윷가락의 평면과 곡면이 각각 두 개씩 바닥에 붙을 경우이므로 네 개 중에서 두 개를 선택하는 것과 같아. 즉, $\binom{4}{2}$ = 6 가지여서 확률은 다음과 같단다.

개가 나올 확률 : (0.4 × 0.4 × 0.6 × 0.6)×6 = 0.3456

걸이 나오는 경우는 도가 나오는 경우와는 반대이므로 확률은 다음과 같아.

걸이 나올 확률 : (0.4 × 0.6 × 0.6 × 0.6)×4 = 0.3456

윷이 나오는 경우는 모든 윷가락의 곡면이 바닥에 붙을 경우이고 모는 이와 반대이며, 각각의 경우는 한 가지이므로 확률은 다음과 같지.

윷이 나올 확률 : (0.6 × 0.6 × 0.6 × 0.6)×1 = 0.1296
모가 나올 확률 : (0.4 × 0.4 × 0.4 × 0.4)×1 = 0.0256

실제로 윷놀이를 하다보면 도, 개, 걸, 윷, 모가 앞에서 구한 확률과 거의 비슷하게 나온다는 것을 알 수 있어. 특히 윷놀이에서 돼지를 복돼지라고 하는 이유는 돼지가 나올 확률이 윷이 나올 확률과 비슷하기 때문이란다.

행복한 수학영재로 키워주는
어린이를 위한 수학의 역사 5

펴낸날	초판 1쇄 2008년 7월 31일
	초판 8쇄 2020년 5월 30일

지은이	이광연
펴낸이	심만수
펴낸곳	(주)살림출판사
출판등록	1989년 11월 1일 제9-210호

주소	경기도 파주시 광인사길 30
전화	031-955-1350 팩스 031-624-1356
홈페이지	http://www.sallimbooks.com
이메일	book@sallimbooks.com

ISBN	978-89-522-0879-8 74410

살림어린이는 (주)살림출판사의 어린이 브랜드입니다.

※ 값은 뒤표지에 있습니다.
※ 잘못 만들어진 책은 구입하신 서점에서 바꾸어 드립니다.

사용연령	8세 이상	제조국	대한민국
제조년월	2020년 5월 30일	제조자명	(주)살림출판사
연락처	031-955-1350		
주소	경기도 파주시 광인사길 30		
주의사항	책을 던지거나 떨어뜨리면 모서리에 다칠 우려가 있으니 주의하세요.		

KC마크는 이 제품이 공통안전기준에 적합하였음을 의미합니다.